中德校企融合育人系列丛书

汽车维护项目教程

技能训练模块化工作手册

常鹤晖 主编

苏州大学出版社
Soochow University Press

图书在版编目（CIP）数据

汽车维护项目教程：技能训练模块化工作手册 / 常鹤晖主编. —苏州：苏州大学出版社，2022.7
（中德校企融合育人系列丛书 / 朱劲松，姚丽霞，叶绪娟主编）
ISBN 978-7-5672-4011-7

Ⅰ.①汽… Ⅱ.①常… Ⅲ.①汽车－车辆修理 Ⅳ.①U472

中国版本图书馆 CIP 数据核字（2022）第 131312 号

Qiche Weihu Xiangmu Jiaocheng：
Jineng Xunlian Mokuaihua Gongzuo Shouce

书　　　名	汽车维护项目教程：技能训练模块化工作手册
主　　　编	常鹤晖
策划编辑	刘　海
责任编辑	刘　海
装帧设计	吴　钰
出版发行	苏州大学出版社（Soochow University Press）
出 版 人	盛惠良
社　　　址	苏州市十梓街1号　邮编：215006
印　　　刷	苏州工业园区美柯乐制版印务有限责任公司
E - mail	liuwang@suda.edu.cn　QQ：64826224
邮购热线	0512-67480030
销售热线	0512-67481020
开　　　本	787 mm×1 092 mm　1/16　印张：18　字数：427 千
版　　　次	2022 年 7 月第 1 版
印　　　次	2022 年 7 月第 1 次印刷
书　　　号	ISBN 978-7-5672-4011-7
定　　　价	58.00 元

若发现印装错误，请与本社联系调换。服务热线：0512-67481020

编委会

丛书主编 朱劲松　姚丽霞　叶绪娟

本册主编 常鹤晖
副 主 编 王　涛　赵菊芳
编　　者 邹子谦　宋亚丽
　　　　　　董佩佩　朱然琪

前 言

《汽车维护项目教程》是以国家职业标准和专业教学标准为依据、以职业能力培养为目标、以汽车维护典型工作任务为载体而构成的基于工作过程的模块化技能训练综合体。

通过对现代学徒制项目合作企业张家港保税区大冈汽车贸易有限公司进行调研，我们提取汽车维护典型工作任务，按照汽车维护工作过程的顺序，将学习者的认知规律和技能养成规律进行整合，编写了本教材。教材内容设计为模块、项目、任务等三个层次，坚持以职业能力为本位，以实际应用为目的，能够满足职业岗位的需要，与相应的职业资格标准保持一致。教材不强调理论知识的系统性、完整性，而以符合工作过程导向的主线来安排教学过程，将教学重点从理论转移到基于工作过程的接受任务、获取资讯、商议计划、器材选用、操作实施、技术要求、评价反馈等方面，注重培养学习者的任务思维。除了上述特点外，我们还增加了思想品德教育案例来突出其职业引导功能，使学习者通过教材了解职业、热爱职业岗位，树立正确的价值观、择业观，培养良好的职业道德和职业素养。

本教材适用于职业院校的校企双元合作、工学结合、现代学徒制一体化人才培养，也可用于汽车相关企业的员工培训，能够满足学习者职业生涯发展的需求。

本教材由江苏联合职业技术学院张家港分院常鹤晖主编，张家港开放大学朱然琪，江苏联合职业技术学院张家港分院王涛、邹子谦、赵菊芳、宋亚丽、董佩佩，张家港保税区大冈汽车贸易有限公司王芳参与编写。具体分工如下：常鹤晖、朱然琪编写模块一，赵菊芳、董佩佩、王芳编写模块二及附录，宋亚丽编写模块三，王涛、邹子谦编写模块四。

本教材在编写过程中参阅了多本相关教材及刊物，以及企业维修手册，在此向各位作者表示衷心的感谢！

限于编者的精力和水平，本教材难免有错漏之处，敬请各位读者批评指正。

编　者

2022 年 2 月 2 日

目 录

模块一　汽车维护基础

项目一　安全操作认知 ·· 3
　　任务一　人与车辆的防护 ·· 3
　　任务二　工作安全须知 ·· 9
项目二　工量具及设备使用 ·· 15
　　任务一　常用工具的使用 ·· 15
　　任务二　测量仪器的使用 ·· 23
　　任务三　举升机的使用 ·· 29
项目三　维护作业认知 ·· 36
　　任务一　维护流程认知 ·· 36
　　任务二　定期维护认知 ·· 41
项目四　车身的检查 ·· 48
　　任务一　车身外观的检查 ·· 48
　　任务二　车内功能部件的检查 ······································ 55
　　思政案例：节约意识——勤俭节约从我做起 ························· 61

模块二　电气设备部分的维护

项目一　照明系统的检查与维护 ·· 65
　　任务一　车内照明灯的检查与维护 ·································· 65
　　任务二　车外照明灯及信号灯的检查与维护 ·························· 71
项目二　喷洗器、刮水器的检查与维护 ·································· 80

　　　　任务一　喷洗器的检查与维护 ································ 80
　　　　任务二　刮水器的检查与维护 ································ 86
　　　　任务三　雨刮条的检查与维护 ································ 93
　项目三　空调系统的检查与维护 ···································· 99
　　　　任务一　汽车空调滤清器的检查与更换 ···················· 99
　　　　任务二　汽车空调的检查与维护 ···························· 106
　　　　思政案例：创新意识——科技引领未来，创新驱动发展 ······ 116

模块三　发动机部分的维护

　项目一　进气系统的检查与维护 ···································· 119
　　　　任务一　空气滤清器的检查与更换 ·························· 119
　　　　任务二　节气门总成的检查与维护 ·························· 125
　项目二　燃油系统的检查与维护 ···································· 132
　　　　任务一　燃油滤清器的检查与更换 ·························· 132
　　　　任务二　燃油管路的检查 ···································· 139
　项目三　润滑系统的检查与维护 ···································· 146
　　　　任务一　油底壳的检查 ······································ 146
　　　　任务二　机油及机油滤清器的检查与更换 ·················· 152
　项目四　点火系统的检查与维护 ···································· 159
　　　　任务一　蓄电池的检查与维护 ······························ 159
　　　　任务二　火花塞的检查与维护 ······························ 165
　项目五　冷却系统的检查与维护 ···································· 172
　　　　任务　冷却液及管路的检查与维护 ·························· 172
　项目六　配气系统的检查与维护 ···································· 179
　　　　任务　传动皮带的检查与维护 ······························ 179
　　　　思政案例：工匠精神——树匠心，育匠人 ···················· 185

模块四　底盘部分的维护

项目一　制动系统的检查与维护 …………………………………… 189
　　任务一　行车制动操作机构的检查与维护 ………………………… 189
　　任务二　驻车制动操作机构的检查与维护 ………………………… 196
　　任务三　盘式制动器的检查与维护 ………………………………… 203
　　任务四　制动液的检查与更换 ……………………………………… 210
　　任务五　制动管路的检查与维护 …………………………………… 218
项目二　行驶系统的检查与维护 …………………………………… 226
　　任务一　悬架的检查与维护 ………………………………………… 226
　　任务二　车轮的检查与维护 ………………………………………… 233
　　任务三　车轮的定位与调整 ………………………………………… 240
项目三　传动系统的检查与维护 …………………………………… 247
　　任务一　自动变速器的检查与维护 ………………………………… 247
　　任务二　驱动轴的检查与维护 ……………………………………… 254
项目四　转向系统的检查与维护 …………………………………… 261
　　任务一　转向操纵机构的检查与维护 ……………………………… 261
　　任务二　转向传动机构的检查与维护 ……………………………… 267
　　思政案例：环保意识——保护环境，人人有责 …………………… 273

附录一　汽车定期维护作业流程——举升位置图 ………………… 275
附录二　汽车定期维护作业工作单 ………………………………… 276
参考文献 ……………………………………………………………… 279

模块一

汽车维护基础

项目一 安全操作认知

任务一　人与车辆的防护

一、任务描述

本次任务：作业人员在作业时能正确地穿戴工作着装，能正确地对车辆进行维修与防护（图 1-1-1）。

图 1-1-1　汽车维修与防护示意图

二、任务提示

（一）工作方法

1. 根据汽车维修任务，通过线上线下学习与讨论，进行人员和车辆防护的分析，以便采用可靠的方式进行防护，保证作业安全。
2. 以小组讨论的形式完成工作计划。
3. 按照工作计划，完成小组成员分工。
4. 对于出现的问题，请先自行解决。如确实无法解决，再寻求帮助。
5. 与指导教师讨论，进行学习总结。

（二）工作内容

1. 工作过程按照"六步法"实施。
2. 认真回答引导问题，仔细填写相关表格。
3. 小组合作完成任务，对任务完成情况的评价应客观、全面。

（三）知识储备

1. "5S"（整理、整顿、清洁、清扫、素养）管理制度。
2. 人员防护装备所需器具。
3. 车辆防护装备所需器具。
4. 车辆结构常识。

（四）注意事项与安全环保知识

1. 熟悉实训设备、工具、仪器的使用方法。
2. 完成实验并经教师检查评估后，关闭电源和气源。
3. 实训结束后，将设备、工具归位，执行"5S"管理制度。

三、工作过程

（一）信息

1. 课前准备。

课前完成如下线上学习任务：

（1）从学习平台接受任务，通过查询互联网、查阅图书馆资料等途径收集、分析有关信息，然后分组进行"5S"管理方法的阐述。

（2）在线讨论，组内进行成果分享、交流。

2. 任务引导。

（1）如何在汽车维修中具体贯彻"5S"管理制度？

（2）汽车维修人员的防护有哪些具体要求？

（3）维修车辆防护有哪些具体要求？

（二）计划

1. 根据小组成员情况进行分工（表 1-1-1）。

表 1-1-1　小组分工表

小组信息	班级名称			日期	
	小组名称			组长姓名	
	岗位分工	汇报员	观察员	记录员	技术员
	成员姓名				

说明：组长负责组织协调工作，汇报员负责分享信息并进行项目讲解，观察员负责计时和录像，记录员负责记录工作过程和填写表格，技术员负责项目的操作实施。

2. 讨论工作计划。

小组成员共同讨论工作计划，列出维修人员和维修车辆防护的具体器材名称和功能用途（表 1-1-2、表 1-1-3）。

表 1-1-2　人员防护器材表

序号	器材名称	功能用途	备注
1	工作帽		
2	工作服		
3	工作鞋		
4	手套		
5	护目镜		

表 1-1-3　车辆防护器材表

序号	器材名称	功能用途	备注
1	车轮挡块		
2	翼子板防护布		
3	进气格栅防护布		
4	座椅套		
5	转向盘套		
6	挡杆套		
7	脚垫		
8	排气烟道		

（三）决策

1. 制订车辆防护计划流程表（表 1-1-4）。

问题：如何进行维修车辆防护？

表 1-1-4 车辆防护计划流程表

序号	工作步骤	预期目标
1		
2		
3		
4		
5		
6		
7		
8		

2. 方案展示。

已上传工作计划流程表的小组进行方案展示，其他小组对该方案提出意见和建议，完善方案。

（四）实施

1. 人员防护任务工作单。

填写人员防护任务工作单（表 1-1-5）。

表 1-1-5 人员防护任务工作单

序号	作业内容	完成情况
1	佩戴工作帽	
2	佩戴护目镜	
3	穿工作服	
4	穿工作鞋	
5	戴手套	

2. 车辆防护任务工作单。

填写车辆防护任务工作单（表 1-1-6）。

表 1-1-6 车辆防护任务工作单

序号	工作步骤	完成情况
1	车轮挡块	
2	尾气收集器	
3	车内防护	
4	驾驶员侧车窗玻璃	
5	发动机舱盖	
6	车外防护	
7	车辆复位、清洁	
8	工具整理	

3. 成果分享。

各小组对其实施进行分享及问题解答。针对问题,教师及时进行现场指导与分析。

(五)检查

对照各组计划和实施情况,请各组交换检查并填写检查表(表 1-1-7)。

表 1-1-7 检查表

项目名称:				检查时间:
序号	检查点	检查标准	是否完成(Y/N)	未完成原因分析及措施
1				
2				
3				
4				
5				
6				
7				
8				

(六)评价

填写项目任务工作评价表(表 1-1-8)。

表 1-1-8 项目任务工作评价表

小组名			姓名		评价日期	
项目名称					评价时间	
否决项		违反设备操作规程与安全环保规范,造成设备损坏或人身事故,该项目 0 分				
评价要素		配分	等级与评分细则 (等级系数:A = 1,B = 0.8,C = 0.6,D = 0.2,E = 0)	自我评价	小组评价	教师评价
1	信息收集与工具选择	20 分	A. 能正确查询资料 B. 能正确选择工具设备 C. 经提示后会查阅手册,有大缺陷 D. 未完成			
2	制订计划	20 分	A. 能根据信息制订合理计划 B. 计划有小缺陷 C. 制订的计划基本可行 D. 制订了计划,有重大缺陷 E. 未完成			
3	工作任务实施与检查	30 分	A. 严格按计划与规范实施计划,遇到问题能正确分析并解决,检查过程正常开展 B. 能认真实施计划,检查过程正常 C. 能实施保养与检查,工具设备有误操作 D. 未参与			

续表

评价要素		配分	等级与评分细则 （等级系数:A＝1,B＝0.8,C＝0.6,D＝0.2,E＝0）	自我评价	小组评价	教师评价
4	安全环保意识	10 分	A. 能严格遵守安全规范，执行"5S"管理制度 B. 能遵守规范，有安全环保意识 C. 能遵守规范，实施过程安全正常 D. 无安全环保意识			
5	综合素质考核	20 分	A. 积极参与小组工作，按时完成工作页，全勤 B. 能参与小组工作，完成工作页，出勤率 90%以上 C. 能参与小组工作，出勤率 80%以上 D. 未反映参与工作			
总分		100 分	得分			
根据学生实际情况，由培训师设定三个项目评分的权重，如 3∶3∶4				30%	30%	40%
加权后得分						
综合总分						

学生签字：＿＿＿＿＿＿＿＿＿＿　　　　培训师签字：＿＿＿＿＿＿＿＿＿＿
（日期）　　　　　　　　　　　　　　（日期）

四、项目学习总结

重点写出不足及今后工作的改进计划。

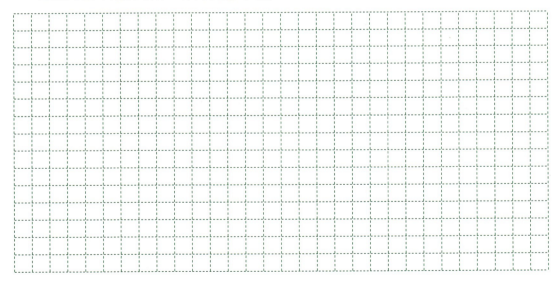

五、扩展与提高

新能源汽车维修需要增加哪些措施？

六、相关理论知识

汽车舒适系统知识请参见课程教材《汽车结构常识》《汽车使用常识》及相关维修手册。

任务二　工作安全须知

一、任务描述

本次任务：作业人员要学会安全检查，能采取正确措施预防火灾、触电的发生，学会正确处理火灾、触电等险情的方法，如图1-1-2所示。

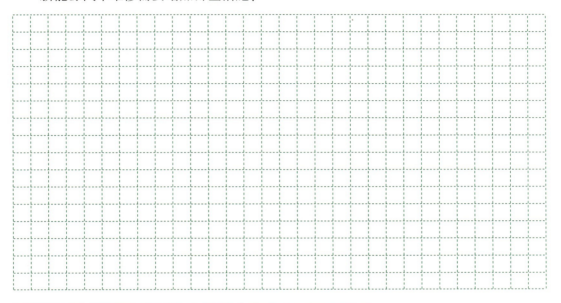

图1-1-2　消防安全示意图

二、任务提示

（一）工作方法

1. 根据汽车维修任务，通过线上线下学习与讨论，进行防火、防触电、防腐蚀的分析，以便采用可靠的方式进行预防，保证作业安全。

2. 以小组讨论的形式完成工作计划。

3. 按照工作计划，完成小组成员分工。

4. 对于出现的问题，请先自行解决。如确实无法解决，再寻求帮助。

5. 与指导教师讨论，进行学习总结。

（二）工作内容

1. 工作过程按照"六步法"实施。

2. 认真回答引导问题，仔细填写相关表格。

3. 小组合作完成任务，对任务完成情况的评价应客观、全面。

（三）知识储备

1. 易燃易爆气体和液体。

2. 易腐蚀、带辐射的物品。

3. 安全电压和电流。

4. 导电和绝缘方式。

5. 垃圾分类常识。

6. 汽车材料常识。

7. 灭火及消防常识。

（四）注意事项与安全环保知识

1. 熟悉实训仪器的使用方法。

2. 完成实验并经教师检查评估后，关闭电源和气源。

3. 实训结束后，将仪器设备归位，执行实验室"5S"管理制度。

三、工作过程

（一）信息

1. 课前准备。

课前完成如下线上学习任务：

（1）从学习平台接受任务，通过查询互联网、查阅图书馆资料等途径收集、分析有关信息，然后分组进行维修作业安全预防的阐述。

（2）在线进行成果分享、交流与讨论。

2. 任务引导。

（1）在汽车维修中有哪些防火知识？

(2) 在汽车维修中有哪些防触电知识？

(3) 废弃固体和液体如何分类放置？

(二) 计划

1. 根据小组成员情况进行分工（表 1-1-9）。

表 1-1-9　小组分工表

小组信息	班级名称		日期	
	小组名称		组长姓名	
	岗位分工	汇报员	观察员	记录员	技术员
	成员姓名				

说明：组长负责组织协调工作，汇报员负责分享信息并进行项目讲解，观察员负责计时和录像，记录员负责记录工作过程和填写表格，技术员负责项目的操作实施。

2. 讨论工作计划。

小组成员共同讨论工作计划，列出维修人员防护的具体物品名称及其危害性（表 1-1-10）。

表 1-1-10　易燃、易爆、易腐蚀物品分类表

序号	名称	固体/液体	危害性
1	汽油		
2	机油		
3	蓄电池		
4	电解液		
5	冷却液		
6	制动液		
7	制冷剂		
8	清洗剂		

(三) 决策

1. 制订安全演练计划流程表（表 1-1-11）。

问题：如何进行维修车辆的防护？

表 1-1-11 安全演练计划流程表

序号	工作步骤	预期目标
1		
2		
3		
4		
5		

2. 方案展示。

已上传工作计划流程表的小组进行方案展示，其他小组对该方案提出意见和建议，完善方案。

（四）实施

1. 安全演练操作。

进行安全演练操作并填写任务工作单（表 1-1-12）。

表 1-1-12 任务工作单

序号	作业内容	完成情况
1	物品分类整理	
2	实训室电气开关的位置	
3	安全操作电气开关	
4	实训室消防设施的位置	
5	使用灭火器	
6	实训室紧急情况逃生路线	
7	垃圾分类投放	

2. 成果分享。

各小组对其实施进行分享及问题解答。针对问题，教师及时进行现场指导与分析。

（五）检查

对照各组计划和实施情况，请各组交换检查并填写检查表（表 1-1-13）。

表 1-1-13 检查表

项目名称：				检查时间：
序号	检查点	检查标准	是否完成（Y/N）	未完成原因分析及措施
1				
2				
3				
4				
5				

（六）评价

填写项目任务工作评价表（表 1-1-14）。

表 1-1-14　项目任务工作评价表

小组名			姓名		评价日期		
项目名称					评价时间		
否决项			违反设备操作规程与安全环保规范，造成设备损坏或人身事故，该项目 0 分				
	评价要素	配分	等级与评分细则 （等级系数：A = 1，B = 0.8，C = 0.6，D = 0.2，E = 0）	自我评价	小组评价	教师评价
1	信息收集与工具选择	20 分	A. 能正确查询资料 B. 能正确选择工具设备 C. 经提示后会查阅手册，有大缺陷 D. 未完成			
2	制订计划	20 分	A. 能根据信息制订合理计划 B. 计划有小缺陷 C. 制订的计划基本可行 D. 制订了计划，有重大缺陷 E. 未完成			
3	工作任务实施与检查	30 分	A. 严格按计划与规范实施计划，遇到问题能正确分析并解决，检查过程正常开展 B. 能认真实施计划，检查过程正常 C. 能实施保养与检查，工具设备有误操作 D. 未参与			
4	安全环保意识	10 分	A. 能严格遵守安全规范，执行"5S"管理制度 B. 能遵守规范，有安全环保意识 C. 能遵守规范，实施过程安全正常 D. 无安全环保意识			
5	综合素质考核	20 分	A. 积极参与小组工作，按时完成工作页，全勤 B. 能参与小组工作，完成工作页，出勤率 90%以上 C. 能参与小组工作，出勤率 80%以上 D. 未反映参与工作			
总分		100 分		得分			
	根据学生实际情况，由培训师设定三个项目评分的权重，如 3∶3∶4			30%	30%	40%
				加权后得分			
				综合总分			

学生签字：_____　　　　培训师签字：_____
（日期）　　　　　　　　　　　（日期）

四、项目学习总结

重点写出不足及今后工作的改进计划。

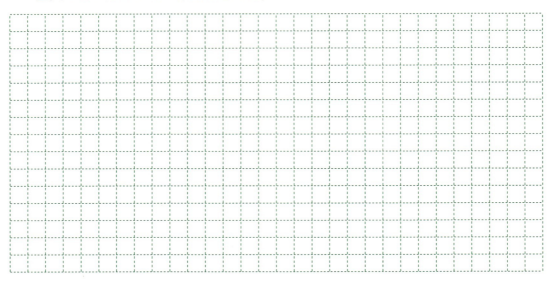

五、扩展与提高

各类型灭火器分类及用途。

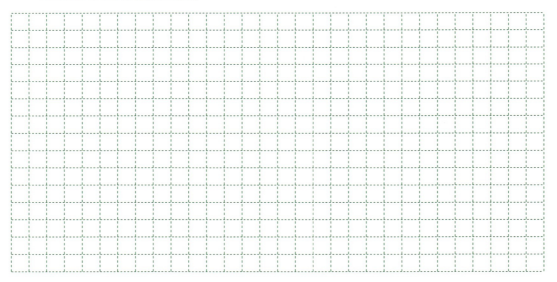

六、相关理论知识

垃圾分类常识、汽车维修操作规范请参见课程教材《汽车使用常识》《实用化学》《汽车材料》及相关维修手册、设备使用手册。

项目二 工量具及设备使用

任务一 常用工具的使用

一、任务描述

本次任务：能在不同作业场合合理选择工具，会正确使用常用手动、气动工具。

1. 套筒扳手（图 1-2-1、图 1-2-2）。

图 1-2-1 组合式套筒扳手

图 1-2-2 各型套筒和加长杆

套筒的接口有大、小两种规格，大的比小的可以获得更大的扭矩。套筒的深度有标准型和深型两种，深型主要用于螺栓突出的场合。套筒的大小尺寸各有不同，钳口有六角和双六角之分，根据不同的螺栓和螺母合理选用。加长杆有长短之分，主要用于拆装位置较深不易接触的螺栓和螺母，也可用于抬高工具。

2. 棘轮扳手（图 1-2-3）。

棘轮手柄与套筒配合使用，能够实现在有限的空间里快速拆装螺栓及螺母。棘轮手柄在使用时根据使用情况调节旋向，在使用中不能施加较大扭矩，以免损坏棘轮手柄中的棘爪机构。

3. 扭矩扳手（图 1-2-4）。

扭矩扳手有可调式（预制式）和不可调式（指针式）之分，主要用于按规定扭矩值最终拧紧。扭矩扳手的前部有调节旋向的装置。在使用前，调至规定扭矩并锁紧，再确认旋向后方可使用。在使用中，采用拉的姿势。

图 1-2-3　棘轮扳手　　　　　　　　　图 1-2-4　扭矩扳手

4. 梅花扳手（图 1-2-5）。

梅花扳手可以对螺栓及螺母施加较大的扭矩，它有长短之分，短型主要用于长度、方向、空间有限的场合。梅花扳手作业时可以完全包住螺栓及螺母，可施加较大扭矩；梅花扳手的两端是有角度的，因此可方便地用于拆装凹进或平面上的螺栓及螺母。

5. 活络扳手（图 1-2-6）。

活络扳手主要用于尺寸不规则的螺栓及螺母，通过调节螺杆可以改变开口的开度。活络扳手不能施加大的扭矩，在使用时应调节钳口，使之与螺栓、螺母头部无间隙。

图 1-2-5　梅花扳手　　　　　　　　　图 1-2-6　活络扳手

6. 鲤鱼钳（图 1-2-7）。

鲤鱼钳主要用于夹持零件，如卡箍等，其刀口也可用来剪断导线。其钳口张开的程度可调节，在夹紧易损件时，必须做好防护。

7. 螺丝刀（图 1-2-8）。

螺丝刀主要用于拆装螺钉，有十字（正型）螺丝刀和一字（负型）螺丝刀之分。具体使用时应选择与螺钉槽口尺寸相适合的螺丝刀，并要使螺丝刀与螺钉尾端保持直线、边施加压力边转动。另外，螺丝刀还有穿心螺丝刀、短柄螺丝刀、方柄螺丝刀、精密螺丝刀之分。

8. 橡胶锤（图 1-2-9）。

橡胶锤由于击打力不大，可以通过振动拆卸零部件，从而避免损坏零部件。

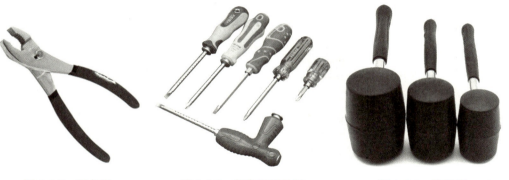

图 1-2-7　鲤鱼钳　　　　图 1-2-8　各类型螺丝刀　　　　图 1-2-9　橡胶锤

9. 刮刀（图 1-2-10）。

刮刀主要用于清除气缸盖、油底壳等结合表面的污垢，如密封胶、积炭等。作业时必须小心，防止受伤。

10. 冲击式气动扳手（图 1-2-11）。

冲击式气动扳手主要用于拆卸大扭矩的螺栓及螺母，俗称"风炮"，输出扭矩和旋转方向可以根据使用对象进行调整。它可与专用套筒配合使用。

11. 棘轮式气动扳手（图 1-2-12）。

棘轮式气动扳手主要用于快速拆卸和安装小扭矩的螺栓及螺母，该风动工具可以改变旋向，一般不可以对扭矩进行调整，可与套筒和加长杆配合使用，也可以在没有气源的情况下使用，其使用方法与普通的棘轮扳手一致。

图 1-2-10　刮刀　　　　图 1-2-11　冲击式气动扳手　　　　图 1-2-12　棘轮式气动扳手

二、任务提示

（一）工作方法

1. 根据任务描述，通过线上学习与讨论，了解套筒扳手、棘轮扳手、扭矩扳手、梅花扳手、活络扳手、鲤鱼钳、螺丝刀、橡胶锤、刮刀、冲击式气动扳手、棘轮式气动扳手不同的使用场合，通过查询互联网、查阅图书馆资料等途径收集、分析有关信息。

2. 以小组讨论的形式完成工作计划。

3. 按照工作计划，完成小组成员分工。

4. 对于出现的问题，请先自行解决。如确实无法解决，再寻求帮助。

5. 与指导教师讨论，进行学习总结。

（二）工作内容

1. 工作过程按照"六步法"实施。
2. 认真回答引导问题，仔细填写相关表格。
3. 小组合作完成任务，对任务完成情况的评价应客观、全面。
4. 执行"5S"管理制度。

（三）知识储备

1. 螺纹连接、棘轮传动。
2. 气压传动特点、气压传动注意事项。
3. 规定扭矩、力臂与力矩。
4. 车轮及驱动轴、制动系统结构。

（四）注意事项与安全环保知识

1. 完成实训并经教师检查评估后，关闭气源和电源。
2. 实训结束后，将工具设备归位，执行"5S"管理制度。
3. 操作气动工具时不戴手套。

三、工作过程

（一）信息

1. 课前准备。

课前完成如下线上学习任务：

（1）从学习平台接受任务，通过查询互联网、查阅图书馆资料等途径收集、分析有关信息，了解不同类型手动工具、气动工具的使用场合。

（2）在线讨论发动机活塞连杆组拆装时需要使用的工具，进行成果分享、交流与讨论。

2. 任务引导。

（1）汽车车轮的拆与装（图1-2-13）。

图1-2-13　汽车车轮拆装

（2）汽车驱动轴及制动器（图1-2-14）。

图1-2-14　汽车驱动轴及制动器

（二）计划

1. 根据小组成员情况进行分工（表1-2-1）。

表1-2-1　小组分工表

小组信息	班级名称		日期	
	小组名称		组长姓名	
	岗位分工	汇报员	观察员	记录员	技术员
	成员姓名				

说明：组长负责组织协调工作，汇报员负责分享信息并进行项目讲解，观察员负责计时和录像，记录员负责记录工作过程和填写表格，技术员负责项目的操作实施。

2. 讨论工作计划。

针对任务，小组成员共同讨论工作计划，列出不同工具器材的操作使用场合及注意事项，并填写表格（表1-2-2）。

表1-2-2　工具器材使用分类表

序号	器材名称	功能用途	注意事项
1	套筒扳手		
2	棘轮扳手		
3	扭矩扳手		
4	梅花扳手		
5	活络扳手		
6	鲤鱼钳		
7	螺丝刀		

续表

序号	器材名称	功能用途	注意事项
8	橡胶锤		
9	刮刀		
10	冲击式气动扳手		
11	棘轮式气动扳手		

（三）决策

1. 选用各型工具对车辆车轮进行拆装，制订工作计划流程表（表1-2-3）。

表1-2-3　工作计划流程表

序号	工作步骤	预期目标
1		
2		
3		
4		
5		
6		
7		
8		
9		
10		

2. 方案展示。

已上传工作计划流程表的小组进行方案展示，其他小组对该方案提出意见和建议，完善方案。

（四）实施

1. 根据任务工作单（表1-2-4），选用相应的设备、工具，对车轮进行拆和装。

要求：小组分工明确，全员参与，操作规范、安全。

表1-2-4　任务工作单

序号	作业内容	完成情况
1	连接气源	
2	检查气动扳手的挡位和旋向	
3	选用合适的套筒并安装	
4	使用气动扳手拆卸车轮螺母	
5	取下车轮螺母	

续表

序号	作业内容	完成情况
6	卸下车轮	
7	安装车轮,手动旋紧车轮螺母	
8	选用棘轮扳手对角旋紧车轮螺母	
9	车辆落地,选用扭矩扳手紧固车轮螺母	
10	工具、车辆复位	

2. 成果分享。

由其他小组对其操作过程进行分享及指正。针对问题,教师及时进行现场指导与分析。

(五) 检查

对照各组计划和实施情况,请各组交换检查并填写检查表(表1-2-5)。

表1-2-5 检查表

项目名称:				检查时间:
序号	检查点	检查标准	是否完成(Y/N)	未完成原因分析及措施
1				
2				
3				
4				
5				
6				
7				
8				
9				
10				

(六) 评价

填写项目任务工作评价表(表1-2-6)。

表1-2-6 项目任务工作评价表

小组名		姓名		评价日期		
项目名称				评价时间		
否决项	违反设备操作规程与安全环保规范,造成设备损坏或人身事故,该项目0分					
评价要素	配分	等级与评分细则 (等级系数:A=1,B=0.8,C=0.6,D=0.2,E=0)		自我评价	小组评价	教师评价
1 信息收集与工具选择	20分	A. 能正确查询资料 B. 能正确选择工具设备 C. 经提示后会查阅手册,有大缺陷 D. 未完成				

续表

评价要素		配分	等级与评分细则 （等级系数：A＝1，B＝0.8，C＝0.6，D＝0.2，E＝0）	自我评价	小组评价	教师评价
2	制订计划	20 分	A. 能根据信息制订合理计划 B. 计划有小缺陷 C. 制订的计划基本可行 D. 制订了计划，有重大缺陷 E. 未完成			
3	工作任务实施与检查	30 分	A. 严格按计划与规范实施计划，遇到问题能正确分析并解决，检查过程正常开展 B. 能认真实施计划，检查过程正常 C. 能实施保养与检查，工具设备有误操作 D. 未参与			
4	安全环保意识	10 分	A. 能严格遵守安全规范，执行"5S"管理制度 B. 能遵守规范，有安全环保意识 C. 能遵守规范，实施过程安全正常 D. 无安全环保意识			
5	综合素质考核	20 分	A. 积极参与小组工作，按时完成工作页，全勤 B. 能参与小组工作，完成工作页，出勤率 90% 以上 C. 能参与小组工作，出勤率 80% 以上 D. 未反映参与工作			
总分		100 分		得分		
根据学生实际情况，由培训师设定三个项目评分的权重，如 3∶3∶4				30%	30%	40%
加权后得分						
综合总分						

学生签字：＿＿＿＿＿＿＿＿＿　　　培训师签字：＿＿＿＿＿＿＿＿＿
（日期）　　　　　　　　　　　　（日期）

四、项目学习总结

重点写出不足及今后工作的改进计划。

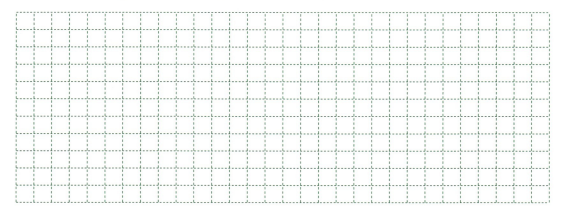

五、扩展与提高

你计划选用哪些工具来拆装盘式制动器？并请写明拆装步骤。

六、相关理论知识

请参见课程教材《汽车底盘构造与维修》《汽车构造》及相关维修手册。

任务二　测量仪器的使用

一、任务描述

本次任务：能合理选择测量仪器，能正确使用测量仪器，会正确读取仪器的测量值。

将被测长度与已知长度比较，从而得出测量结果的仪器，简称"测量仪器"。汽车维护常用测量仪器有游标卡尺、千分尺、百分表等（图 1-2-15、图 1-2-16、图 1-2-17）。

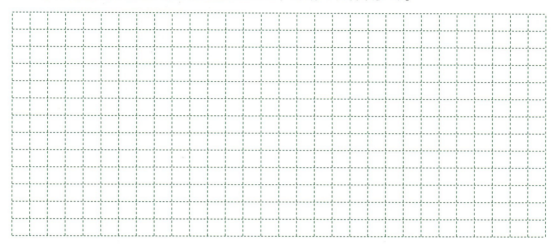

图 1-2-15　游标卡尺

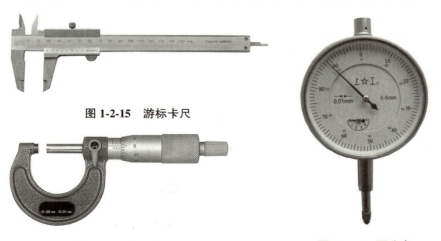

图 1-2-16　千分尺　　　　　　　　　图 1-2-17　百分表

二、任务提示

（一）工作方法

1. 根据任务描述，通过线上学习与讨论，了解游标卡尺、千分尺、百分表不同的使用场合，通过查询互联网、查阅图书馆资料等途径收集、分析有关信息。
2. 以小组讨论的形式完成工作计划。
3. 按照工作计划，完成小组成员分工。
4. 对于出现的问题，请先自行解决。如确实无法解决，再寻求帮助。
5. 与指导教师讨论，进行学习总结。

（二）工作内容

1. 工作过程按照"六步法"实施。
2. 认真回答引导问题，仔细填写相关表格。
3. 小组合作完成任务，对任务完成情况的评价应客观、全面。
4. 执行"5S"管理制度。

（三）知识储备

1. 公制度量单位。
2. 不同量具的测量精度。
3. 圆跳动、气缸内径、轴弯曲度等形位公差。
4. 测量方法。

（四）注意事项与安全环保知识

1. 完成实训并经教师检查评估后，关闭气源和电源。
2. 实训结束后，将工具设备归位，执行"5S"管理制度。

三、工作过程

（一）信息

1. 课前准备。

课前完成如下线上学习任务：

（1）从学习平台接受任务，通过查询互联网、查阅图书馆资料等途径收集、分析有关信息，了解不同类型量具的用途、公制测量单位。

（2）在线讨论气缸内径磨损后的测量方法，进行成果分享、交流与讨论。

2. 任务引导。

（1）游标卡尺正确读数（图 1-2-18）。

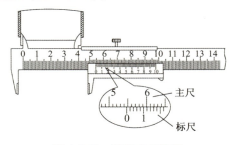

图 1-2-18　游标卡尺测量

（2）千分尺正确读数（图1-2-19）。

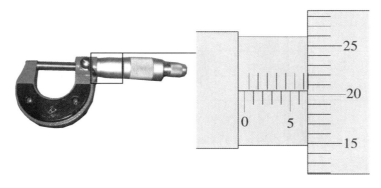

图1-2-19 千分尺测量

（3）百分表正确读数（图1-2-20）。

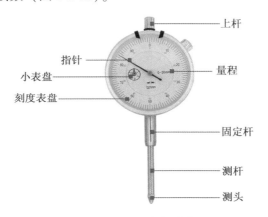

图1-2-20 百分表测量

（二）计划

1. 根据小组成员情况进行分工（表1-2-7）。

表1-2-7 小组分工表

小组信息	班级名称			日期	
	小组名称			组长姓名	
	岗位分工	汇报员	观察员	记录员	技术员
	成员姓名				

说明：组长负责组织协调工作，汇报员负责分享信息并进行项目讲解，观察员负责计时和录像，记录员负责记录工作过程和填写表格，技术员负责项目的操作实施。

2. 讨论工作计划。

小组成员共同讨论工作计划，列出本次任务中不同量具测量的功能用途和精度范围（表1-2-8）。

表 1-2-8　量具使用分类

序号	量具名称	功能用途	精度范围
1	游标卡尺		
2	千分尺		
3	百分表及磁性表座		

（三）决策

1. 制订工作计划流程表（表 1-2-9）。

表 1-2-9　工作计划流程表

序号	工作步骤	预期目标
1		
2		
3		
4		
5		
6		
7		

2. 方案展示。

已上传工作计划流程表的小组进行方案展示，其他小组对该方案提出意见和建议，完善方案。

（四）实施

1. 根据工作计划流程表，使用游标卡尺、千分尺、百分表和磁性表座测量曲轴和气缸，并填写任务工作单（表 1-2-10）。

要求：小组分工明确，全员参与，操作规范、安全。

表 1-2-10　任务工作单

序号	作业内容	完成情况
1	曲轴轴颈测量	
2	曲轴圆度测量	
3	曲轴圆柱度测量	
4	气缸缸径测量	
5	气缸孔圆度测量	
6	气缸孔圆柱度测量	

2. 成果分享。

由其他小组对其操作过程进行分享及指正。针对问题,教师及时进行现场指导与分析。

(五)检查

对照各组计划和实施情况,请各组交换检查并填写检查表(表1-2-11)。

表 1-2-11　检查表

项目名称:				检查时间:
序号	检查点	检查标准	是否完成(Y/N)	未完成原因分析及措施
1				
2				
3				
4				
5				
6				
7				
8				
9				
10				

(六)评价

填写项目任务工作评价表(表1-2-12)。

表 1-2-12　项目任务工作评价表

小组名			姓名		评价日期	
项目名称					评价时间	
否决项		违反设备操作规程与安全环保规范,造成设备损坏或人身事故,该项目0分				
评价要素		配分	等级与评分细则 (等级系数:A=1,B=0.8,C=0.6,D=0.2,E=0)	自我评价	小组评价	教师评价
1	信息收集与工具选择	20分	A. 能正确查询资料 B. 能正确选择工具设备 C. 经提示后会查阅手册,有大缺陷 D. 未完成			
2	制订计划	20分	A. 能根据信息制订合理计划 B. 计划有小缺陷 C. 制订的计划基本可行 D. 制订了计划,有重大缺陷 E. 未完成			

续表

评价要素		配分	等级与评分细则 （等级系数：A＝1，B＝0.8，C＝0.6，D＝0.2，E＝0）	自我 评价	小组 评价	教师 评价
3	工作任务实施与检查	30分	A. 严格按计划与规范实施计划，遇到问题能正确分析并解决，检查过程正常开展 B. 能认真实施计划，检查过程正常 C. 能实施保养与检查，工具设备有误操作 D. 未参与			
4	安全环保意识	10分	A. 能严格遵守安全规范，执行"5S"管理制度 B. 能遵守规范，有安全环保意识 C. 能遵守规范，实施过程安全正常 D. 无安全环保意识			
5	综合素质考核	20分	A. 积极参与小组工作，按时完成工作页，全勤 B. 能参与小组工作，完成工作页，出勤率90%以上 C. 能参与小组工作，出勤率80%以上 D. 未反映参与工作			
总分		100分	得分			
根据学生实际情况，由培训师设定三个项目评分的权重，如3∶3∶4				30%	30%	40%
加权后得分						
综合总分						

学生签字：_____　　　　培训师签字：_____
（日期）　　　　　　　　　　（日期）

四、项目学习总结

重点写出不足及今后工作的改进计划。

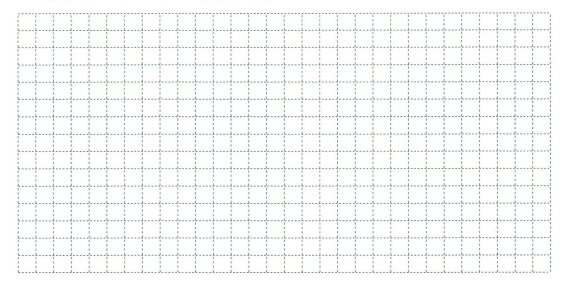

五、扩展与提高

使用什么量具和方法来测量汽车制动盘端面跳动（图 1-2-21）？

图 1-2-21　汽车盘式制动器

六、相关理论知识

千分尺，即螺旋测微器，是采用螺旋传动进行测量的仪器。有关知识请参见课程教材《公差与技术测量》及相关维修手册。

任务三　举升机的使用

一、任务描述

本次任务：了解举升机的作用，熟悉举升机的类型，掌握举升机的规范使用方法。

汽车举升机是指汽车维修行业用于汽车举升的汽保设备。举升机在汽车维修养护中发挥着至关重要的作用，无论是整车大修，还是小修保养，都离不开它。地上式举升机无须挖槽，适用于任何修理厂，常见的地上式举升机按照形状分为柱式和剪式两种（图 1-2-22、图 1-2-23）。

图 1-2-22　柱式举升机

图 1-2-23　剪式举升机

二、任务提示

（一）工作方法

1. 根据任务描述，通过线上学习与讨论，了解举升机的工作原理和工作过程，通过查询互联网、查阅图书馆资料等途径收集、分析有关信息。

2. 以小组讨论的形式完成工作计划。

3. 按照工作计划，完成小组成员分工。

4. 对于出现的问题，请先自行解决。如确实无法解决，再寻求帮助。

5. 与指导教师讨论，进行学习总结。

（二）工作内容

1. 工作过程按照"六步法"实施。

2. 认真回答引导问题，仔细填写相关表格。

3. 小组合作完成任务，对任务完成情况的评价应客观、全面。

4. 执行"5S"管理制度。

（三）知识储备

1. 汽车使用常识。

2. 汽车底盘结构。

3. 液压、气动阀门的作用。

4. 机械、电气控制原理。

5. 各类型举升机的组成结构。

（四）注意事项与安全环保知识

1. 完成实训并经教师检查评估后，关闭气源和电源。

2. 请勿在没有确认托掌支撑车辆稳定之前进行举升。

3. 实训结束后，将工具设备归位，执行"5S"管理制度。

三、工作过程

（一）信息

1. 课前准备。

课前完成如下线上学习任务：

（1）从学习平台接受任务，通过查询互联网、查阅图书馆资料等途径收集、分析有关信息，了解不同类型举升机的用途及举升机的工作原理。

(2) 在线讨论丰田、别克汽车厂家标定的底盘支撑点位置，进行成果分享、交流与讨论。

2. 任务引导。

(1) 辨识实训汽车底盘的举升支撑点。

(2) 剪式举升机和柱式举升机在使用上有哪些区别？

(二) 计划

1. 根据小组成员情况进行分工（表1-2-13）。

表1-2-13 小组分工表

小组信息	班级名称		日期	
	小组名称		组长姓名	
	岗位分工	汇报员	观察员	记录员	技术员
	成员姓名				

说明：组长负责组织协调工作，汇报员负责分享信息并进行项目讲解，观察员负责计时和录像，记录员负责记录工作过程和填写表格，技术员负责项目的操作实施。

2. 讨论工作计划。

小组成员共同讨论工作计划，列出本次任务车辆采用不同举升机操作的区别所在（表1-2-14）。

表1-2-14 举升机分类表

序号	举升机类型	驱动方式	锁止方式	托掌特征
1	柱式举升机			
2	剪式举升机			

小组成员共同讨论工作计划，列出本次任务所用器材的功能用途和注意事项（表1-2-15）。

表1-2-15 器材选型表

序号	器材名称	功能用途	注意事项
1	车轮挡块		
2	电机驱动双柱式举升机		
3	举升托臂		
4	锁止保险机构		
5	车身垫块		
6	液压驱动剪式举升机		
7	举升平板		
8	锁止保险机构		

（三）决策

1. 制订工作计划流程表。

分别采用柱式举升机、剪式举升机举升汽车（图1-2-24），各小组制订汽车维护第三工位（高）和第四工位（中）的工作计划流程表（表1-2-16），并传送给指导教师。

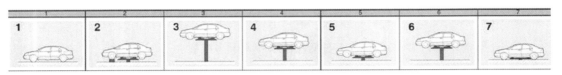

图1-2-24　汽车维护举升工位图

表1-2-16　工作计划流程表

序号	工作步骤	预期目标
1		
2		
3		
4		
5		
6		
7		
8		

2. 方案展示。

已上传工作计划流程表的小组进行方案展示，其他小组对该方案提出意见和建议，完善方案。

（四）实施

1. 根据工作计划流程表选用相应的工具，分别使用柱式举升机、剪式举升机对汽车进行第三工位、第四工位的举升操作（表1-2-17、表1-2-18）。

要求：小组分工明确，全员参与，操作规范、安全。

表1-2-17　柱式举升机任务工作单

序号	作业内容	完成情况
1	检查车辆停放位置	
2	调整垫块高度并预放举升机托臂	
3	对准支撑点放置托臂	
4	复查托臂位置	
5	举升并检查车辆稳定性	
6	举升至操作位置停止并保险	
7	稍举升车辆并解除保险	
8	下降车辆至地面并收复托臂	

表 1-2-18 剪式举升机任务工作单

序号	作业内容	完成情况
1	检查车辆停放位置	
2	调整垫块位置	
3	预升举升平板	
4	复查垫块位置	
5	举升并检查车辆稳定性	
6	举升至操作位置停止并保险	
7	稍举升车辆并解除保险	
8	下降车辆至地面并收复托臂	

2. 成果分享。

由其他小组对其操作过程进行分享及指正。针对问题，教师及时进行现场指导与分析。

（五）检查

对照各组计划和实施情况，请各组交换检查并填写检查表（表1-2-19）。

表 1-2-19 检查表

项目名称：				检查时间：
序号	检查点	检查标准	是否完成（Y/N）	未完成原因分析及措施
1				
2				
3				
4				
5				
6				
7				
8				
9				
10				

（六）评价

填写项目任务工作评价表（表1-2-20）。

表 1-2-20 项目任务工作评价表

小组名		姓名		评价日期	
项目名称				评价时间	
否决项	违反设备操作规程与安全环保规范，造成设备损坏或人身事故，该项目0分				
评价要素	配分	等级与评分细则 （等级系数：A=1，B=0.8，C=0.6，D=0.2，E=0）		自我评价	小组评价	教师评价
1 信息收集与工具选择	20分	A. 能正确查询资料 B. 能正确选择工具设备 C. 经提示后会查阅手册，有大缺陷 D. 未完成				

续表

评价要素		配分	等级与评分细则 （等级系数：A＝1,B＝0.8,C＝0.6,D＝0.2,E＝0）	自我评价	小组评价	教师评价
2	制订计划	20 分	A. 能根据信息制订合理计划 B. 计划有小缺陷 C. 制订的计划基本可行 D. 制订了计划，有重大缺陷 E. 未完成			
3	工作任务实施与检查	30 分	A. 严格按计划与规范实施计划，遇到问题能正确分析并解决，检查过程正常开展 B. 能认真实施计划，检查过程正常 C. 能实施保养与检查，工具设备有误操作 D. 未参与			
4	安全环保意识	10 分	A. 能严格遵守安全规范，执行"5S"管理制度 B. 能遵守规范，有安全环保意识 C. 能遵守规范，实施过程安全正常 D. 无安全环保意识			
5	综合素质考核	20 分	A. 积极参与小组工作，按时完成工作页，全勤 B. 能参与小组工作，完成工作页，出勤率 90% 以上 C. 能参与小组工作，出勤率 80% 以上 D. 未反映参与工作			
总分		100 分	得分			
根据学生实际情况，由培训师设定三个项目评分的权重，如 3∶3∶4				30%	30%	40%
加权后得分						
综合总分						

学生签字：_____　　　　　培训师签字：_____
（日期）　　　　　　　　　　　　　　（日期）

四、项目学习总结

重点写出不足及今后工作的改进计划。

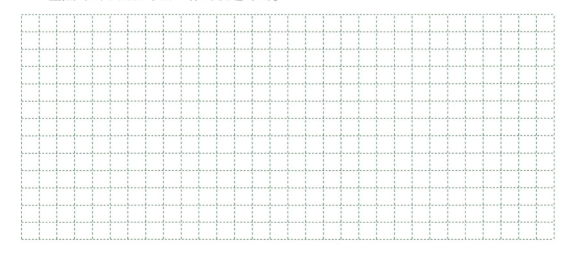

五、扩展与提高

汽车四轮定位时一般采用子母剪式举升机（图1-2-25）的原因是什么？

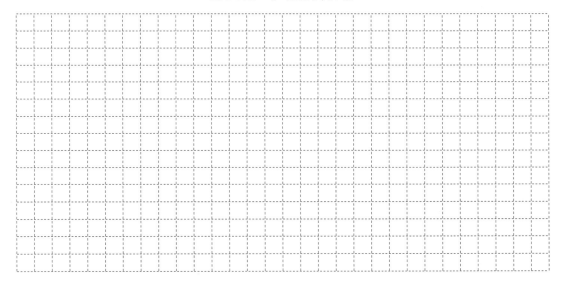

图 1-2-25　子母剪式举升机

六、相关理论知识

1. 确定举升支撑点的位置必须根据汽车厂家维修手册中的标记，位于车辆底盘侧裙的内侧，在前轮后 20 cm 左右，后轮前 20 cm 左右。

2. 参见课程教材《液压与气动》及相关手册。

项目三 维护作业认知

任务一 维护流程认知

一、任务描述

本次任务：了解维修部门的人员构成及工作职责，熟悉并实施汽车维护作业流程（图 1-3-1）。

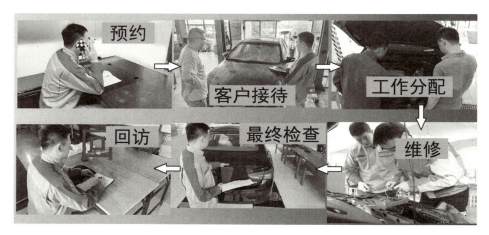

图 1-3-1 汽车维修接待作业流程

二、任务提示

（一）工作方法

1. 通过线上学习与讨论，初步了解汽车维修企业的作业流程，通过对汽车服务企业的实地走访调研，分析相关信息，熟悉工作过程。
2. 以小组讨论的形式完成工作计划。
3. 按照工作计划，完成小组成员分工。
4. 对于出现的问题，请先自行解决。如确实无法解决，再寻求帮助。
5. 与指导教师讨论，进行学习总结。

（二）工作内容

1. 工作过程按照"六步法"实施。
2. 认真回答引导问题，仔细填写相关表格。
3. 小组合作完成任务，对任务完成情况的评价应客观、全面。
4. 进行"5S"管理。

（三）知识储备

1. 汽车服务企业人员构成。
2. 汽车服务企业业务流程。
3. 汽车维修接待业务。
4. 汽车一级维护、二级维护项目。

（四）注意事项与安全环保知识

1. 企业调研时必须遵守企业安全操作规范。
2. 实训结束后，将工具设备归位，执行"5S"管理制度。

三、工作过程

（一）信息

1. 课前准备。

课前完成如下线上学习任务：

（1）从学习平台接受任务，通过查询互联网、查阅图书馆资料等途径收集、分析有关信息，了解汽车服务企业维修流程知识。

（2）在线讨论汽车 4S 店和普通维修企业的区别，进行成果分享、交流与讨论。

2. 任务引导。

（1）教师将学生分组，各组学生根据特长分别扮演客户、维修接待员、车间主管、仓库管理员、质检员、维修员、结算收款员、客户服务专员等 8 种角色。

（2）根据客户车辆来企业一级维护基本维护保养作业，进行维修情景模拟，如预约、接待、工作分配、维修、最终检查、维修交付、后续回访等，以进一步加深对整个维护流程的认知，培养语言表达能力、处理实际问题能力和团队合作能力。

（二）计划

根据小组成员情况进行分工（表 1-3-1）。

表 1-3-1　小组分工表

小组信息	班级名称				日期			
	小组名称				组长姓名			
	岗位分工	客户	维修接待员	车间主管	仓库管理员	维修员	质检员	结算收款员	客户服务专员
	成员姓名								

（三）决策

1. 根据客户车辆来企业一级维护基本维护保养作业，制订工作计划流程表（表 1-3-2）。

表 1-3-2　工作计划流程表

序号	工作步骤	预期目标	备注
1			
2			
3			
4			
5			
6			
7			
8			

2. 方案展示。

已上传工作计划流程表的小组进行方案展示，其他小组对该方案提出意见和建议，完善方案。

（四）实施

1. 根据工作计划流程表，选用相应的设备、工具、仪器进行预约、接车、领料，以及更换空气滤芯、机油、机油滤芯等维护保养作业，最后完成质检、结算、出厂、回访业务（表 1-3-3）。

要求：小组分工明确，全员参与，操作规范、安全。

表 1-3-3　任务工作单

序号	作业内容	完成情况
1	车辆维护预约	
2	客户到店接待，接车进厂	
3	车间派工	
4	仓库发料	
5	更换空气滤芯、机油、机油滤芯	
6	维护质量检验	
7	通知客户取车	
8	结算付款	
9	提车出厂	
10	客户专员服务，电话回访	

2. 成果分享。

由其他小组对其操作过程进行分享及指正，针对问题，教师及时进行现场指导与分析。

（五）检查

对照各组计划和实施情况，请各组交换检查并填写检查表（表1-3-4）。

表1-3-4 检查表

项目名称：				检查时间：
序号	检查点	检查标准	是否完成（Y/N）	未完成原因分析及措施
1				
2				
3				
4				
5				
6				
7				
8				
9				
10				

（六）评价

填写项目任务工作评价表（表1-3-5）。

表1-3-5 项目任务工作评价表

小组名				姓名		评价日期	
项目名称						评价时间	
否决项			违反设备操作规程与安全环保规范，造成设备损坏或人身事故，该项目0分				
评价要素		配分	等级与评分细则 （等级系数：A=1，B=0.8，C=0.6，D=0.2，E=0）		自我评价	小组评价	教师评价
1	信息收集与工具选择	20分	A. 能正确查询资料 B. 能正确选择工具设备 C. 经提示后会查阅手册，有大缺陷 D. 未完成				
2	制订计划	20分	A. 能根据信息制订合理计划 B. 计划有小缺陷 C. 制订的计划基本可行 D. 制订了计划，有重大缺陷 E. 未完成				
3	工作任务实施与检查	30分	A. 严格按计划与规范实施计划，遇到问题能正确分析并解决，检查过程正常开展 B. 能认真实施计划，检查过程正常 C. 能实施保养与检查，工具设备有误操作 D. 未参与				

续表

评价要素	配分	等级与评分细则 (等级系数：A＝1，B＝0.8，C＝0.6，D＝0.2，E＝0)	自我评价	小组评价	教师评价
4	安全环保意识	10分	A. 能严格遵守安全规范，执行"5S"管理制度 B. 能遵守规范，有安全环保意识 C. 能遵守规范，实施过程安全正常 D. 无安全环保意识			
5	综合素质考核	20分	A. 积极参与小组工作，按时完成工作页，全勤 B. 能参与小组工作，完成工作页，出勤率90%以上 C. 能参与小组工作，出勤率80%以上 D. 未反映参与工作			
总分	100分		得分			
根据学生实际情况，由培训师设定三个项目评分的权重，如3∶3∶4			30%	30%	40%
		加权后得分			
		综合总分			

学生签字：＿＿＿＿＿＿＿＿＿　　　培训师签字：＿＿＿＿＿＿＿＿＿
（日期）　　　　　　　　　　　　（日期）

四、项目学习总结

重点写出不足及今后工作的改进计划。

五、相关理论知识

维修安全操作要领、汽保设备使用规范请参见课程教材《汽车使用常识》及相关维修手册。

任务二 定期维护认知

一、任务描述

本次任务：学会描述定期维护的目的与周期，能理解并对车辆所需要的常规维护项目进行操作。

汽车由大量的金属零件、橡胶件和很多运行材料组成。随着车辆使用时间的推移和使用条件的变化，其会发生磨损、老化、腐蚀等，从而导致性能降低。车辆维护保养的目的是评估出哪些零件或运行材料性能降低，从而对其进行定期的维护，以恢复或改善汽车应有的性能。

定期实施维护作业，可以避免可能发生的较大故障；可使车辆满足相关法规的要求，如尾气排放、制动性能等；可以延长车辆的使用寿命；可以使顾客获得安全的驾车体验。车辆维护保养周期如表 1-3-6 所示。

表 1-3-6　车辆维护保养周期表

类别	保养项目	建议间隔里程	类别	保养项目	建议间隔里程
机油	普通矿物机油	5 000 km	油液	助力油更换	2 年或 4 万 km
	合成机油	7 500 km		刹车油更换	2 年或 4 万 km
	全合成机油	1 万 km		变速箱油（手动）更换	2 年或 4 万 km
滤芯	机油滤清器	5 000 km		变速箱油（自动）更换	4 万~6 万 km
	空气滤清器	5 000 km		离合器油更换	2 年或 4 万 km
	空调滤清器	1 万 km 或每年 2 次		防冻液	2 年或 4 万 km
	汽油滤清器	1 万 km，内置滤芯 2 年或 4 万 km		制冷剂添加	2 年或 4 万 km
深度养护	发动机内部清洗养护	5 000 km		玻璃水添加	随季节更换夏季/冬季玻璃水
	节气门体清洗	2 万 km	配件	火花塞更换	3 万~5 万 km
	进气道清洗	2 万 km		刹车片更换	3 万~5 万 km
	喷油嘴清洗	2 万 km		轮胎更换	5 万~8 万 km
	燃烧室清洗	2 万 km		电瓶更换	2~3 年
	三元催化器清洗	2 万 km		正时皮带组件更换	6 万~8 万 km
	冷却系统清洗养护	2 年或 4 万 km		雨刷片更换	随需
	空调系统清洗养护	每年 2 次		喇叭更换	随需
	燃油系统养护	5 000 km		灯泡更换	随需

二、任务提示

（一）工作方法

1. 根据任务描述，通过线上学习与讨论，了解汽车使用常识，橡胶、金属、塑料、油液等汽车材料的特性和寿命，汽车机油滤清器、燃油滤清器、空气滤清器、空调滤清器的功能和使用周期；通过查询互联网、查阅图书馆资料等途径收集、分析有关信息。
2. 以小组讨论的形式完成工作计划。
3. 按照工作计划，完成小组成员分工。
4. 对于出现的问题，请先自行解决。如确实无法解决，再寻求帮助。
5. 与指导教师讨论，进行学习总结。

（二）工作内容

1. 工作过程按照"六步法"实施。
2. 认真回答引导问题，仔细填写相关表格。
3. 小组合作完成任务，对任务完成情况的评价应客观、全面。
4. 执行"5S"管理制度。

（三）知识储备

1. 汽车结构基本常识。
2. 汽车使用基本常识。
3. 金属、橡胶、塑料等汽车材料的特性。
4. 汽车各类材料的功能及使用周期。
5. 汽车各类油液功能及使用周期。
6. 汽车一级维护、二级维护项目。

（四）注意事项与安全环保知识

1. 完成实训并经教师检查评估后，关闭气源和电源。
2. 各类废弃物应按照垃圾分类要求投入相应垃圾桶。
3. 实训结束后，将工具设备归位，执行"5S"管理制度。
4. 操作气动工具时不戴手套。

三、工作过程

（一）信息

1. 课前准备。

课前完成如下线上学习任务：

（1）从学习平台接受任务，通过查询互联网、查阅图书馆资料等途径收集、分析有关信息，了解不同类型手动工具、气动工具的使用场合。

（2）在线讨论常规汽车维护项目需要的设备、工具、仪器，进行成果分享、交流与讨论。

2. 任务引导。

根据汽车定期维护举升工位（图1-3-2），罗列各工位维护项目。

图 1-3-2 汽车维护举升工位图

（二）计划

1. 根据小组成员情况进行分工（表 1-3-7）。

表 1-3-7 小组分工表

小组信息	班级名称			日期	
	小组名称			组长姓名	
	岗位分工	汇报员	观察员	记录员	技术员
	成员姓名				

说明：组长负责组织协调工作，汇报员负责分享信息并进行项目讲解，观察员负责计时和录像，记录员负责记录工作过程和填写表格，技术员负责项目的操作实施。

2. 讨论工作计划。

针对任务，小组成员共同讨论工作计划，列出本次维护任务所需器材的功能用途（表 1-3-8）。

表 1-3-8 维护器材选型表

序号	器材名称	功能用途	备注
1	机油		
2	机油滤清器		
3	燃油		
4	燃油滤清器		
5	空气滤清器		
6	空调滤清器		
7	制动液（刹车油）		
8	变速箱油		
9	防冻液		
10	蓄电池		
11	火花塞		
12	制动片及制动盘		
13	轮胎		
14	玻璃水		
15	雨刮器		

(三) 决策

1. 落实计划，选用相应的设备、工具、仪器，根据车内、车外两部分列出的常规维护项目，制订工作计划流程（表1-3-9）。

表 1-3-9　工作计划流程表

序号	操作步骤	预期目标	备注
1			
2			
3			
4			
5			
6			
7			
8			
9			
10			
11			
12			
13			
14			
15			

2. 方案展示。

已上传工作计划流程表的小组进行方案展示，其他小组对该方案提出意见和建议，完善方案。

(四) 实施

1. 根据工作计划流程表，选用相应的设备、工具、仪器进行常规的汽车定期维护（表1-3-10）。

要求：小组分工明确，全员参与，操作规范、安全。

表 1-3-10　任务工作单

序号	作业内容	完成情况
1	检查车身	
2	检查车轮及备胎	
3	检查制动系统	
4	检查转向机构	
5	检查悬架装置	

续表

序号	作业内容	完成情况
6	紧固车身、底盘的螺栓/螺母	
7	更换机油、机油滤清器	
8	检查管路	
9	检查玻璃水、雨刮器	
10	检查防冻液	
11	检查蓄电池	
12	检查车门	
13	检查座椅、方向盘	
14	检查安全带	
15	检查油门、制动踏板	
16	检查仪表盘	

2. 成果分享。

由其他小组对其操作过程进行分享及指正。针对问题，教师及时进行现场指导与分析。

（五）检查

对照各组计划和实施情况，请各组交换检查并填写检查表（表1-3-11）。

表1-3-11 检查表

项目名称：				检查时间：
序号	检查点	检查标准	是否完成（Y/N）	未完成原因分析及措施
1				
2				
3				
4				
5				
6				
7				
8				
9				
10				

（六）评价

填写项目任务工作评价表（表1-3-12）。

表1-3-12 项目任务工作评价表

小组名			姓名		评价日期	
项目名称					评价时间	
否决项			违反设备操作规程与安全环保规范，造成设备损坏或人身事故，该项目0分			
评价要素		配分	等级与评分细则 （等级系数：A=1，B=0.8，C=0.6，D=0.2，E=0）	自我评价	小组评价	教师评价
1	信息收集与工具选择	20分	A. 能正确查询资料 B. 能正确选择工具设备 C. 经提示后会查阅手册，有大缺陷 D. 未完成			
2	制订计划	20分	A. 能根据信息制订合理计划 B. 计划有小缺陷 C. 制订的计划基本可行 D. 制订了计划，有重大缺陷 E. 未完成			
3	工作任务实施与检查	30分	A. 严格按计划与规范实施计划，遇到问题能正确分析并解决，检查过程正常开展 B. 能认真实施计划，检查过程正常 C. 能实施保养与检查，工具设备有误操作 D. 未参与			
4	安全环保意识	10分	A. 能严格遵守安全规范，执行"5S"管理制度 B. 能遵守规范，有安全环保意识 C. 能遵守规范，实施过程安全正常 D. 无安全环保意识			
5	综合素质考核	20分	A. 积极参与小组工作，按时完成工作页，全勤 B. 能参与小组工作，完成工作页，出勤率90%以上 C. 能参与小组工作，出勤率80%以上 D. 未反映参与工作			
总分		100分		得分		
根据学生实际情况，由培训师设定三个项目评分的权重，如3:3:4				30%	30%	40%
			加权后得分			
			综合总分			

学生签字：_____　　　培训师签字：_____
（日期）　　　　　　　　　　　　（日期）

四、项目学习总结

重点写出不足及今后工作的改进计划。

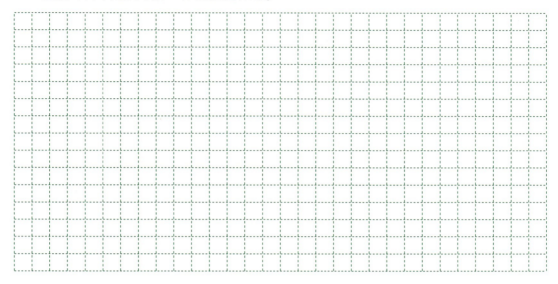

五、扩展与提高

1. 定期维护的依据是里程还是时间?
2. 哪些情况下的车辆需要进行频繁维护?

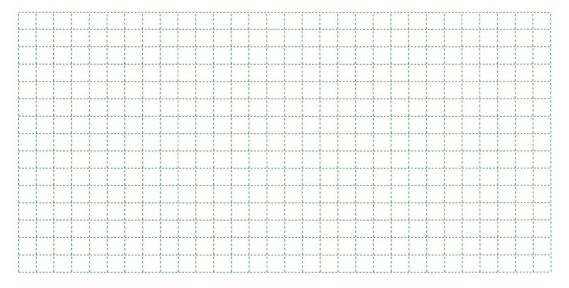

六、相关理论知识

参见课程教材《汽车使用常识》《汽车构造》《汽车材料》及相关维修手册。

项目四 车身的检查

任务一 车身外观的检查

一、任务描述

本次任务：学会正确描述车身各种涂层组成以及喷涂工艺，学会描述夹层汽车玻璃、钢化汽车玻璃、双层汽车玻璃、带电加热丝的钢化玻璃的特性和使用场合，学会正确对轮胎、轮毂、车灯罩壳、车身外观进行检查和维护（图 1-4-1、图 1-4-2、图 1-4-3）。

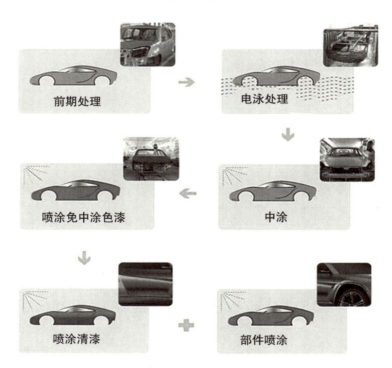

图 1-4-1　车身涂装

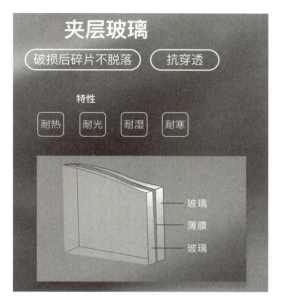

图 1-4-2　汽车夹层玻璃

图 1-4-3　车身部件

二、任务提示

（一）工作方法

1. 根据任务描述，通过线上学习与讨论，了解举升机的工作原理和工作过程，通过查询互联网、查阅图书馆资料等途径收集、分析有关信息。

2. 以小组讨论的形式完成工作计划。

3. 按照工作计划，完成小组成员分工。

4. 对于出现的问题，请先自行解决。如确实无法解决，再寻求帮助。

5. 与指导教师讨论，进行学习总结。

（二）工作内容

1. 工作过程按照"六步法"实施。
2. 认真回答引导问题，仔细填写相关表格。
3. 小组合作完成任务，对任务完成情况的评价应客观、全面。
4. 执行"5S"管理制度。

（三）知识储备

1. 汽车车身冲压件结构。
2. 车身喷涂工艺。
3. 汽车常用材料的分类与特性。

（四）注意事项与安全环保知识

1. 完成实训并经教师检查评估后，关闭气源和电源。
2. 实训结束后，将工具设备归位，执行"5S"管理制度。

三、工作过程

（一）信息

1. 课前准备。

课前完成如下线上学习任务：

（1）从学习平台接受任务，通过查询互联网、查阅图书馆资料等途径收集、分析有关信息，了解汽车常用材料知识、车身喷涂知识。

（2）在线讨论汽车轻量化的原因和措施，进行成果分享、交流与讨论。

2. 任务引导。

（1）辨识实训汽车车身各部分名称。

（2）辨识实训汽车玻璃类型。

（3）车身喷涂工序有哪些？

（二）计划

1. 根据小组成员情况进行分工（表1-4-1）。

表1-4-1 小组分工表

小组信息	班级名称			日期	
	小组名称			组长姓名	
	岗位分工	汇报员	观察员	记录员	技术员
	成员姓名				

说明：组长负责组织协调工作，汇报员负责分享信息并进行项目讲解，观察员负责计时和录像，记录员负责记录工作过程和填写表格，技术员负责项目的操作实施。

2. 讨论工作计划。

针对任务，小组成员共同讨论工作计划，列出本次维护任务中车身外部各部件器材的特点及其功能和用途（图1-4-2）。

表 1-4-2 车身外部器材选型表

序号	器材名称	所属材料	功能和用途
1	前挡风玻璃		
2	车窗玻璃		
3	后挡风玻璃		
4	前后保险杠		
5	发动机盖及翼子板		
6	车门		
7	车身漆面		
8	车灯罩壳		
9	车轮轮毂		
9	轮胎		

（三）决策

1. 落实计划，选用相应的设备、工具、仪器，制订车身外部检查与维护的工作计划流程（表1-4-3）。

表 1-4-3 工作计划流程表

序号	工作步骤	预期目标	备注
1			
2			
3			
4			
5			
6			
7			
8			

2. 方案展示。

已上传工作计划流程表的小组进行方案展示，其他小组对该方案提出意见和建议，完善方案。

（四）实施

1. 根据工作计划流程表，选用相应的设备、工具、仪器进行车身外部部件的检查与维护（表 1-4-4）。

要求：小组分工明确，全员参与，操作规范、安全。

表 1-4-4 任务工作单

序号	作业内容	完成情况
1	安装车轮挡块	
2	安装车外防护、车内防护	
3	拉起驻车制动	
4	打开发动机舱盖	
5	检查车灯罩壳	
6	检查车身漆面是否有污垢及划痕	
7	检查车身表面是否有变形及凹痕	
8	检查汽车玻璃是否有裂纹及破损	
9	检查轮胎及轮毂	
10	车辆复位清洁，执行"5S"管理制度	

2. 成果分享。

由其他小组对其操作过程进行分享及指正。针对问题，教师及时进行现场指导与分析。

（五）检查

对照各组计划和实施情况，请各组交换检查并填写检查表（表 1-4-5）。

表 1-4-5 检查表

项目名称：			检查时间：	
序号	检查点	检查标准	是否完成（Y/N）	未完成原因分析及措施
1				
2				
3				
4				
5				
6				
7				
8				
9				
10				

（六）评价

填写项目任务工作评价表（表1-4-6）。

表1-4-6 项目任务工作评价表

小组名			姓名		评价日期		
项目名称					评价时间		
否决项		违反设备操作规程与安全环保规范，造成设备损坏或人身事故，该项目0分					
评价要素		配分	等级与评分细则 （等级系数：A=1，B=0.8，C=0.6，D=0.2，E=0）		自我评价	小组评价	教师评价
1	信息收集与工具选择	20分	A. 能正确查询资料 B. 能正确选择工具设备 C. 经提示后会查阅手册，有大缺陷 D. 未完成				
2	制订计划	20分	A. 能根据信息制订合理计划 B. 计划有小缺陷 C. 制订的计划基本可行 D. 制订了计划，有重大缺陷 E. 未完成				
3	工作任务实施与检查	30分	A. 严格按计划与规范实施计划，遇到问题能正确分析并解决，检查过程正常开展 B. 能认真实施计划，检查过程正常 C. 能实施保养与检查，工具设备有误操作 D. 未参与				
4	安全环保意识	10分	A. 能严格遵守安全规范，执行"5S"管理制度 B. 能遵守规范，有安全环保意识 C. 能遵守规范，实施过程安全正常 D. 无安全环保意识				
5	综合素质考核	20分	A. 积极参与小组工作，按时完成工作页，全勤 B. 能参与小组工作，完成工作页，出勤率90%以上 C. 能参与小组工作，出勤率80%以上 D. 未反映参与工作				
总分		100分		得分			
根据学生实际情况，由培训师设定三个项目评分的权重，如3：3：4					30%	30%	40%
加权后得分							
综合总分							

学生签字：_____　　　培训师签字：_____

（日期）　　　　　　　　　　　（日期）

四、项目学习总结

重点写出不足及今后工作的改进计划。

五、扩展与提高

请根据图 1-4-4 所示的汽车车内部件序号及位置,具体写出相对应的部件名称。

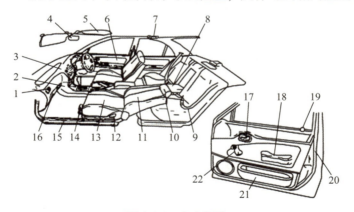

图 1-4-4 车内部件

六、相关理论知识

乘用车的结构类型、汽车轻量化知识请参见课程教材《汽车构造》《汽车材料》《汽车使用常识》及相关维修手册。

任务二　车内功能部件的检查

一、任务描述

本次任务：理解车内各种功能部件的位置、作用，学会正确检查和调整维护各功能部件（图 1-4-5）。

图 1-4-5　车内功能部件

二、任务提示

（一）工作方法

根据任务描述，通过线上学习，列举汽车内部功能部件的位置及作用，通过查询互联网、查阅图书馆资料等途径收集、分析有关信息。

1. 以小组讨论的形式完成工作计划。
2. 按照工作计划，完成小组成员分工。

3. 对于出现的问题，请先自行解决。如确实无法解决，再寻求帮助。

4. 与指导教师讨论，进行学习总结。

（二）工作内容

1. 工作过程按照"六步法"实施。

2. 认真回答引导问题，仔细填写相关表格。

3. 小组合作完成任务，对任务完成情况的评价应客观、全面。

4. 执行"5S"管理制度。

（三）知识储备

1. 汽车车身结构。

2. 汽车使用常识。

3. 汽车结构常识。

（四）注意事项与安全环保知识

1. 完成实训并经教师检查评估后，关闭气源和电源。

2. 实训结束后，将工具设备归位，执行"5S"管理制度。

三、工作过程

（一）信息

1. 课前准备。

课前完成如下线上学习任务：

（1）从学习平台接受任务，通过查询互联网、查阅图书馆资料等途径收集、分析有关信息，了解汽车结构常识、汽车使用常识。

（2）在线讨论汽车内部各功能件的作用与位置，进行成果分享、交流与讨论。

2. 任务引导。

（1）辨识实训汽车内部各部分名称及位置。

（2）对车内主要功能部件进行调整和检测。

（二）计划

1. 根据小组成员情况进行分工（表1-4-7）。

表1-4-7 小组分工表

小组信息	班级名称			日期	
	小组名称			组长姓名	
	岗位分工	汇报员	观察员	记录员	技术员
	成员姓名				

说明：组长负责组织协调工作，汇报员负责分享信息并进行项目讲解，观察员负责计时和录像，记录员负责记录工作过程和填写表格，技术员负责项目的操作实施。

2. 讨论工作计划。

针对任务,小组成员共同讨论工作计划,列出本次维护任务所需部件器材的功能用途及注意事项(表1-4-8)。

表1-4-8　车内部件器材选型表

序号	器材名称	功能用途	注意事项
1	汽车座椅及头枕		
2	安全带		
3	方向盘		
4	灯光开关		
5	雨刮开关		
6	换挡杆(按钮)		
7	驻车制动		
8	电动车窗控制开关		
9	仪表盘		
10	中控屏幕		
11	扶手箱及手套箱		

(三)决策

1. 落实计划。

选用相应的设备、工具、仪器,制订车内部件检查与维护的工作计划流程(表1-4-9)。

表1-4-9　工作计划流程表

序号	工作步骤	预期目标	备注
1			
2			
3			
4			
5			
6			
7			
8			

2. 方案展示。

已上传工作计划流程表的小组进行方案展示,其他小组对该方案提出意见和建议,完善方案。

（四）实施

1. 根据工作计划流程表，选用相应的设备、工具、仪器进行车身内部功能部件的检查与维护（表1-4-10）。

要求：小组分工明确，全员参与，操作规范、安全。

表1-4-10　任务工作单

序号	工作步骤	完成情况
1	检查前汽车准备	
2	检查前工具准备	
3	检查主驾区域	
4	检查副驾区域	
5	检查后排乘客区域	
6	车辆复位清洁，执行"5S"管理制度	

2. 成果分享。

由其他小组对其操作过程进行分享及指正。针对问题，教师及时进行现场指导与分析。

（五）检查

对照各组计划和实施情况，请各组交换检查并填写检查表（表1-4-11）。

表1-4-11　检查表

项目名称：				检查时间：
序号	检查点	检查标准	是否完成（Y/N）	未完成原因分析及措施
1				
2				
3				
4				
5				
6				
7				
8				
9				
10				

（六）评价

填写项目任务工作评价表（表1-4-12）。

表 1-4-12 项目任务工作评价表

小组名			姓名		评价日期	
项目名称					评价时间	
否决项		违反设备操作规程与安全环保规范，造成设备损坏或人身事故，该项目0分				
评价要素		配分	等级与评分细则 （等级系数：A=1,B=0.8,C=0.6,D=0.2,E=0）	自我评价	小组评价	教师评价
1	信息收集与工具选择	20分	A. 能正确查询资料 B. 能正确选择工具设备 C. 经提示后会查阅手册，有大缺陷 D. 未完成			
2	制订计划	20分	A. 能根据信息制订合理计划 B. 计划有小缺陷 C. 制订的计划基本可行 D. 制订了计划，有重大缺陷 E. 未完成			
3	工作任务实施与检查	30分	A. 严格按计划与规范实施计划，遇到问题能正确分析并解决，检查过程正常开展 B. 能认真实施计划，检查过程正常 C. 能实施保养与检查，工具设备有误操作 D. 未参与			
4	安全环保意识	10分	A. 能严格遵守安全规范，执行"5S"管理制度 B. 能遵守规范，有安全环保意识 C. 能遵守规范，实施过程安全正常 D. 无安全环保意识			
5	综合素质考核	20分	A. 积极参与小组工作，按时完成工作页，全勤 B. 能参与小组工作，完成工作页，出勤率90%以上 C. 能参与小组工作，出勤率80%以上 D. 未反映参与工作			
总分		100分		得分		
根据学生实际情况，由培训师设定三个项目评分的权重，如3∶3∶4				30%	30%	40%
			加权后得分			
			综合总分			

学生签字：_____   培训师签字：_____
（日期）   （日期）

四、项目学习总结

重点写出不足及今后工作的改进计划。

五、扩展与提高

请根据图 1-4-6 的车内仪表盘显示,写明圈出部分中英文字母和图标代号的含义。

图 1-4-6　车内仪表盘

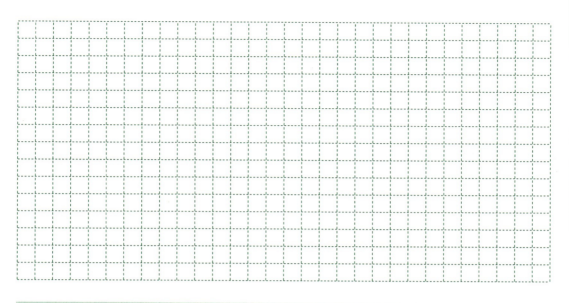

六、相关理论知识

汽车舒适系统知识、驾驶员考证题库请参见课程教材《汽车使用常识》及相关维修手册。

思政案例

节约意识——勤俭节约从我做起

我国已经向世界承诺将于2030年实现碳排放达峰，各行各业的节能减排任务迫在眉睫，节约要从每个职教人做起。

1. 珍惜每一滴水

加强对教学、实训区域用水设施和用水场地的管理，严禁水龙头开启时使用者长时间离开，人为造成水资源浪费。

2. 节约每一度电

坚决杜绝开长明灯，人少开灯多，人走不关灯，人不在不关空调、电脑、饮水机、充电器等浪费行为，尽量采用自然光源，少开照明灯，使用计算机、打印机等办公设备时应减少待机，使用完毕应及时关闭。室温高于26 ℃时，办公场所、公共场所才能开启空调设备。下班时必须关闭办公设备和电源插线板的总开关。

3. 善用每一张纸

围绕无纸化办公要求，尽量减少用纸频率。坚持双面打印，合理排版，避免造成油墨和纸张的浪费，用过且无留存价值的纸张统一回收。

4. 控制每一分话费

控制电话费和网络流量费用，在日常办公、教学时间内做好监督，杜绝利用办公电话"煲电话粥"现象。

5. 爱惜每一粒粮食

由于世界人口剧增，全球粮食危机的威胁并未消除，受疫情和战争影响，世界面临50年来最严重的粮食危机。所以在日常生活中我们要做到备多少吃多少、吃多少备多少。一粥一饭，当思来之不易，爱惜食物是我们的义务。

6. 计划使用每一份耗材

实训期间，根据实际人数，提前做好实训项目计划。可持续学习采用虚拟仿真和实际操作相结合的方式，尽量减少材料损耗；规范操作，避免损坏工具设备；各类油液禁止抛、洒、漏；可重复利用的材料应及时清洁、归类、收纳。

树立勤俭节约的意识，要从细节做起，从我做起。

模块二

电气设备部分的维护

项目一 照明系统的检查与维护

任务一 车内照明灯的检查与维护

一、任务描述

为了保证汽车行驶安全和工作可靠,在现代汽车上装有各种照明装置和信号装置,用以照明道路、标示汽车的宽度,对车厢内部进行照明,以及仪表指示和夜间检查等。此外,在转弯、制动和倒车等工况下,汽车还应发出光信号和音响信号。

车身内部的照明灯要求造型美观、光线柔和悦目。它包括驾驶室顶灯、车厢照明灯、轿车中的车门灯和行李箱灯等。

本次任务:了解车内照明灯的功能,学会正确检查车内照明灯(图 2-1-1、图 2-1-2、图 2-1-3)。

图 2-1-1 阅读灯

图 2-1-2 车厢灯

图 2-1-3 门控灯开关、行李箱灯开关

二、任务提示

（一）工作方法

1. 根据任务描述，通过线上学习与讨论，了解各类车内照明灯的功能，通过查询互联网、查阅图书馆资料等途径收集、分析有关信息。

2. 以小组讨论的形式完成工作计划。

3. 按照工作计划，完成小组成员分工。

4. 对于出现的问题，请先自行解决。如确实无法解决，再寻求帮助。

5. 与指导教师讨论，进行学习总结。

（二）工作内容

1. 工作过程按照"六步法"实施。

2. 认真回答引导问题，仔细填写相关表格。

3. 小组合作完成任务，对任务完成情况的评价应客观、全面。

4. 执行"5S"管理制度，进行 TPM（全面生产设备）管理，并按照岗位安全操作规程进行操作。

（三）知识储备

1. 汽车结构基本常识。

2. 汽车使用基本常识。

3. 汽车电器检查正确操作流程。

4. 车内照明灯的开关位置、类型，仪表板上指示标记的含义。

5. 车内照明系统的故障原因和诊断方法。

6. 能正确使用万用表。

（四）注意事项与安全环保知识

1. 完成实训并经教师检查评估后，关闭气源和电源。

2. 请勿在没有确认车辆稳定之前进行操作。

3. 正确安装车外防护、车内防护套件。

4. 各类废弃物应按照垃圾分类要求投入相应垃圾桶。

5. 实训结束后，将工具设备归位，执行"5S"管理制度。

三、工作过程

（一）信息

1. 课前准备。

课前完成如下线上学习任务：

（1）从学习平台接受任务，通过查询互联网、查阅图书馆资料等途径收集、分析有关信息，了解不同汽车车内照明灯的功用、开关使用方法、布置位置。

（2）在线讨论车内照明灯的一般安装位置和开关调节方法，进行成果分享、交流与讨论。

2. 任务引导。

（1）何时对车内照明灯进行检查与维护？

(2) 针对不同的车型，车内照明灯的调节与更换有什么不同？

（二）计划

1. 根据小组成员情况进行分工（表2-1-1）。

表2-1-1　小组分工表

小组信息	班级名称			日期	
	小组名称			组长姓名	
	岗位分工	汇报员	观察员	记录员	技术员
	成员姓名				

说明：组长负责组织协调工作，汇报员负责分享信息并进行项目讲解，观察员负责计时和录像，记录员负责记录工作过程和填写表格，技术员负责项目的操作实施。

2. 讨论工作计划。

针对任务，小组成员共同讨论工作计划，列出不同车型车内阅读灯的数量、布置位置和灯光调节方式（表2-1-2）。

表2-1-2　车内阅读灯分类表

序号	车型	阅读灯数量	布置位置	灯光调节方式
1				
2				

除车内照明灯，车内还有其他照明设备吗（表2-1-3）？

表2-1-3　车内其他照明灯分类表

序号	车型	车厢灯位置	门控灯位置	行李厢灯位置
1				
2				

针对任务，小组成员共同讨论工作计划，列出本次维护任务所需器材的名称、功能用途（表2-1-4）。

表2-1-4　器材选型表

序号	器材名称	功能用途	备注
1			
2			
3			
4			
5			

续表

序号	器材名称	功能用途	备注
6			
7			
8			
9			

（三）决策

1. 落实计划，选用相应的设备、工具、仪器，根据车内照明、信号系统的检查与维护步骤制订工作计划流程（表2-1-5）。

表 2-1-5　工作计划流程表

序号	工作步骤	预期目标	备注
1			
2			
3			
4			
5			
6			
7			
8			

2. 方案展示。

已上传工作计划流程表的小组进行方案展示，其他小组对该方案提出意见和建议，完善方案。

（四）实施

1. 根据工作计划流程表，选用相应的设备、工具、仪器进行车内照明灯的检查与维护操作（表2-1-6）。

要求：小组分工明确，全员参与，操作规范、安全。

表 2-1-6　任务工作单

序号	作业内容	完成情况
1	安装车轮挡块	
2	安装车内防护三件套	
3	安装尾气收集器	
4	降下驾驶员侧车窗玻璃	
5	打开发动机舱盖	

续表

序号	作业内容	完成情况
6	安装车外防护三件套	
7	检查阅读灯是否正常工作	
8	检查车厢灯是否正常工作及门控关联功能是否正常	
9	检查行李厢灯是否正常工作	
10	车辆复位、清洁	
11	工具及场地执行"5S"管理制度	

2. 成果分享。

由其他小组对其操作过程进行分享及指正。针对问题，教师及时进行现场指导与分析。

（五）检查

对照各组计划和实施情况，请各组交换检查并填写检查表（表2-1-7）。

表2-1-7 检查表

项目名称：				检查时间：
序号	检查点	检查标准	是否完成（Y/N）	未完成原因分析及措施
1				
2				
3				
4				
5				
6				
7				
8				

（六）评价

填写项目任务工作评价表（表2-1-8）。

表2-1-8 项目任务工作评价表

小组名		姓名		评价日期	
项目名称				评价时间	
否决项	违反设备操作规程与安全环保规范，造成设备损坏或人身事故，该项目0分				
评价要素	配分	等级与评分细则 （等级系数：A=1,B=0.8,C=0.6,D=0.2,E=0）		自我评价	小组评价	教师评价
1　信息收集与工具选择	20分	A. 能正确查询资料 B. 能正确选择工具设备 C. 经提示后会查阅手册，有大缺陷 D. 未完成				

续表

评价要素		配分	等级与评分细则 （等级系数：A＝1，B＝0.8，C＝0.6，D＝0.2，E＝0）	自我评价	小组评价	教师评价
2	制订计划	20 分	A. 能根据信息制订合理计划 B. 计划有小缺陷 C. 制订的计划基本可行 D. 制订了计划，有重大缺陷 E. 未完成			
3	工作任务实施与检查	30 分	A. 严格按计划与规范实施计划，遇到问题能正确分析并解决，检查过程正常开展 B. 能认真实施计划，检查过程正常 C. 能实施保养与检查，工具设备有误操作 D. 未参与			
4	安全环保意识	10 分	A. 能严格遵守安全规范，执行"5S"管理制度 B. 能遵守规范，有安全环保意识 C. 能遵守规范，实施过程安全正常 D. 无安全环保意识			
5	综合素质考核	20 分	A. 积极参与小组工作，按时完成工作页，全勤 B. 能参与小组工作，完成工作页，出勤率90%以上 C. 能参与小组工作，出勤率80%以上 D. 未反映参与工作			
总分		100 分		得分		
			根据学生实际情况，由培训师设定三个项目评分的权重，如3∶3∶4	30%	30%	40%
			加权后得分			
			综合总分			

学生签字：＿＿＿＿＿＿＿＿＿＿＿　　　　培训师签字：＿＿＿＿＿＿＿＿

（日期）　　　　　　　　　　　　　　　（日期）

四、项目学习总结

重点写出不足及今后工作的改进计划。

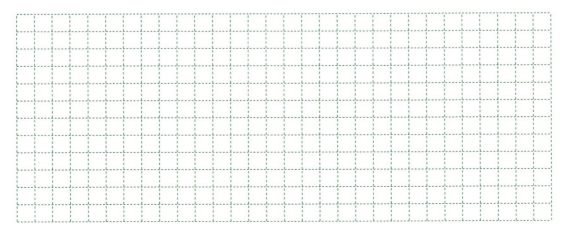

五、扩展与提高

列出车内照明灯的检查步骤和注意事项，预习车外照明系统的检查步骤。

六、相关理论知识

参见课程教材《汽车使用常识》《汽车结构常识》《汽车材料常识》及相关维修手册。

任务二　车外照明灯及信号灯的检查与维护

一、任务描述

现代轿车将前照灯、前雾灯和前位灯等组装在一起，成为组合前灯；将后位灯、后雾灯、倒车灯、制动灯和转向灯组装在一起，成为组合后灯。

本次任务：了解各类车外照明灯，主要有前大灯、前后雾灯、倒车灯、牌照灯等，车外信号灯主要有示宽灯（小灯）、尾灯、转向灯、危险警告灯、制动灯等；检查间隔为每行驶 10 000 km 或 6 个月。如图 2-1-4—图 2-1-12 所示。

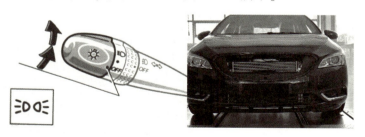

图 2-1-4　灯光组合开关

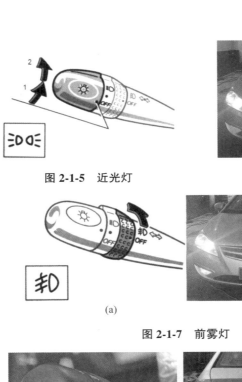

图 2-1-5　近光灯　　　　图 2-1-6　远光灯

(a)　　　　　　　　　　(b)

图 2-1-7　前雾灯

(a)　　　　　　　　　　(b)

图 2-1-8　后雾灯

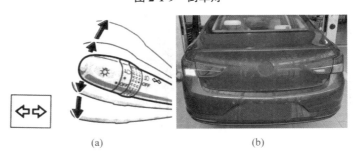

(a)　　　　　　　　　　(b)

图 2-1-9　倒车灯

(a)　　　　　　　　　　(b)

图 2-1-10　左右转向灯

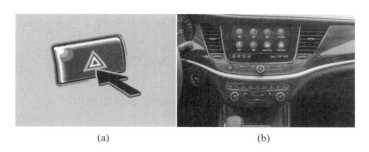

图 2-1-11 危险警告灯开关

图 2-1-12 制动灯及高位制动灯

二、任务提示

（一）工作方法

1. 根据任务描述，通过线上学习与讨论，了解各类车外照明灯及信号灯的功能，通过查询互联网、查阅图书馆资料等途径收集、分析有关信息。

2. 以小组讨论的形式完成工作计划。

3. 按照工作计划，完成小组成员分工。

4. 对于出现的问题，请先自行解决。如确实无法解决，再寻求帮助。

5. 与指导教师讨论，进行学习总结。

（二）工作内容

1. 工作过程按照"六步法"实施。

2. 认真回答引导问题，仔细填写相关表格。

3. 小组合作完成任务，对任务完成情况的评价应客观、全面。

4. 执行"5S"管理制度并进行 TPM 管理，并按照岗位安全操作规程进行操作。

（三）知识储备

1. 汽车结构基本常识。

2. 汽车前照灯使用基本常识。

3. 汽车电器检查正确操作流程。

4. 车外照明及信号灯的工作原理。

前照灯是汽车在夜间行驶时照明前方道路的灯具，它能发出远光和近光两种光束。前照灯主要由灯泡组件、反射镜、配光镜等组成。

位灯装在汽车前、后部两侧的边缘,用来标示其轮廓和存在。前位灯又称"示宽灯",一般为白色或黄色;后位灯又称"尾灯",一般为红色。

雾灯颜色为黄色或橙色(黄色光波较长,透雾性能好)。

1. 了解仪表板上指示标记的含义。
2. 熟悉车外照明灯及信号灯检查与维护的操作步骤及操作规范。
3. 判断照明系统的故障原因及诊断。
4. 会进行照明装置的拆装。
5. 能正确使用万用表。

(四)注意事项与安全环保知识

1. 完成实训并经教师检查评估后,关闭气源和电源。
2. 请勿在没有确认车辆稳定之前进行操作。
3. 正确安装车外防护、车内防护套件。
4. 各类废弃物应按照垃圾分类要求投入相应垃圾桶。
5. 实训结束后,将工具设备归位,执行"5S"管理制度。

三、工作过程

(一)信息

1. 课前准备。

课前完成如下线上学习任务:

(1)从学习平台接受任务,通过查询互联网、查阅图书馆资料等途径收集、分析有关信息,了解不同汽车车外照明及信号灯的功用。

(2)在线讨论车外照明灯的一般安装位置和开关调节方法,进行成果分享、交流与讨论。

2. 任务引导。

(1)何时对车外照明灯进行检查与维护?

(2)车外照明灯的拆装顺序是怎样的?

(二)计划

1. 根据小组成员情况进行分工(表2-1-9)。

表2-1-9 小组分工表

小组信息	班级名称		日期	
	小组名称		组长姓名	
	岗位分工	汇报员	观察员	记录员	技术员
	成员姓名				

说明:组长负责组织协调工作,汇报员负责分享信息并进行项目讲解,观察员负责计时和录像,记录员负责记录工作过程和填写表格,技术员负责项目的操作实施。

2. 讨论工作计划。

针对任务，小组成员共同讨论工作计划，列出不同车型车外照明灯类型，以及信号灯的调整位置和注意事项（表 2-1-10）。

表 2-1-10　车外照明灯与信号灯分类表

序号	车型	车外照明灯	调整位置	注意事项
1				
2				
3				
4				
5				
6				
7				
8				
9				

针对任务，小组成员共同讨论工作计划，列出本次维护任务所需器材的名称、功能用途（表 2-1-11）。

表 2-1-11　器材选型表

序号	器材名称	功能用途	备注
1			
2			
3			
4			
5			
6			
7			
8			
9			

（三）决策

1. 落实计划，选用相应的设备、工具、仪器，根据车外照明、信号系统的检查与维护步骤，制订工作计划流程（表 2-1-12）。

表 2-1-12　工作计划流程表

序号	工作步骤	预期目标	备注
1			
2			
3			
4			
5			
6			
7			
8			

2. 方案展示。

已上传工作计划流程表的小组进行方案展示，其他小组对该方案提出意见和建议，完善方案。

（四）实施

1. 根据工作计划流程表，选用相应的设备、工具、仪器进行车外照明灯及信号灯的检查与维护操作（表 2-1-13）。

要求：小组分工明确，全员参与、操作规范、安全。

表 2-1-13　任务工作单

序号	作业内容	完成情况
1	安装车轮挡块	
2	安装尾气收集器	
3	安装车内防护套件	
4	拉起驻车制动，降下驾驶员侧车窗玻璃	
5	打开发动机舱盖，安装车外防护	
6	进行车辆预检	
7	收翼子板布和前格栅布，并关闭发动机舱盖	
8	启动发动机	
9	检查仪表照明灯是否正常工作	
10	检查示宽灯是否正常工作	
11	检查牌照灯是否正常工作	
12	检查尾灯是否正常工作	
13	检查尾灯总成安装有无松动的情况	
14	检查尾灯壳体有无开裂、油污、内部起雾等现象	
15	检查近光灯及指示灯是否正常工作	

续表

序号	作业内容	完成情况
16	检查远光灯及指示灯是否正常工作	
17	检查前大灯变光器是否正常工作	
18	检查前大灯总成安装有无松动的情况	
19	检查前大灯壳体有无开裂、油污、内部起雾等现象	
20	检查前雾灯是否正常工作	
21	检查后雾灯是否正常工作	
22	检查左转向灯是否正常工作	
23	检查右转向灯是否正常工作	
24	检查危险警告灯是否正常工作	
25	检查制动灯是否正常工作	
26	检查高位制动灯是否正常工作	
27	检查倒车灯是否正常工作	
28	车辆复位、清洁	
29	工具及场地执行"5S"管理制度	

2. 成果分享。

由其他小组对其操作过程进行分享及指正。针对问题，教师及时进行现场指导与分析。

（五）检查

对照各组计划和实施情况，请各组交换检查并填写检查表（表2-1-14）。

表2-1-14 检查表

项目名称：			检查时间：	
序号	检查点	检查标准	是否完成（Y/N）	未完成原因分析及措施
1				
2				
3				
4				
5				
6				
7				
8				

（六）评价

填写项目任务工作评价表（表2-1-15）。

表 2-1-15　项目任务工作评价表

小组名			姓名		评价日期		
项目名称					评价时间		
否决项			违反设备操作规程与安全环保规范，造成设备损坏或人身事故，该项目0分				
评价要素		配分	等级与评分细则 （等级系数：A=1，B=0.8，C=0.6，D=0.2，E=0）		自我评价	小组评价	教师评价
1	信息收集与工具选择	20分	A. 能正确查询资料 B. 能正确选择工具设备 C. 经提示后会查阅手册，有大缺陷 D. 未完成				
2	制订计划	20分	A. 能根据信息制订合理计划 B. 计划有小缺陷 C. 制订的计划基本可行 D. 制订了计划，有重大缺陷 E. 未完成				
3	工作任务实施与检查	30分	A. 严格按计划与规范实施计划，遇到问题能正确分析并解决，检查过程正常开展 B. 能认真实施计划，检查过程正常 C. 能实施保养与检查，工具设备有误操作 D. 未参与				
4	安全环保意识	10分	A. 能严格遵守安全规范，执行"5S"管理制度 B. 能遵守规范，有安全环保意识 C. 能遵守规范，实施过程安全正常 D. 无安全环保意识				
5	综合素质考核	20分	A. 积极参与小组工作，按时完成工作页，全勤 B. 能参与小组工作，完成工作页，出勤率90%以上 C. 能参与小组工作，出勤率80%以上 D. 未反映参与工作				
总分		100分		得分			
根据学生实际情况，由培训师设定三个项目评分的权重，如3∶3∶4					30%	30%	40%
加权后得分							
综合总分							

学生签字：_____　　　　培训师签字：_____
（日期）　　　　　　　　　　　　　（日期）

四、项目学习总结

重点写出不足及今后工作的改进计划。

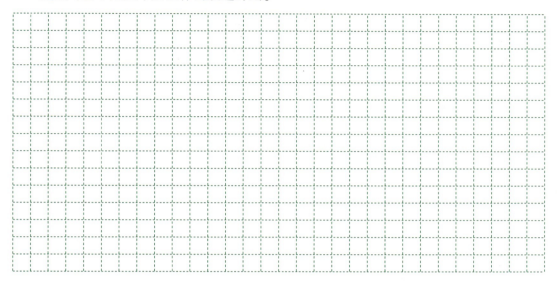

五、扩展与提高

列出车外照明灯、信号灯的检查步骤及注意事项,了解电气设备常用标识符号的含义。

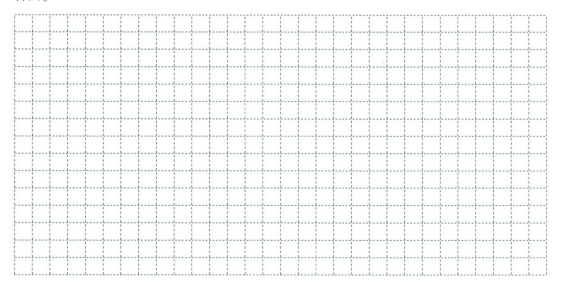

六、相关理论知识

参见课程教材《汽车使用常识》《汽车结构常识》《汽车材料常识》及相关维修手册。

项目二 喷洗器、刮水器的检查与维护

任务一 喷洗器的检查与维护

一、任务描述

喷洗器（风窗洗涤器）的作用是将清洁的水或洗涤液喷射到风窗玻璃上，在刮水器的作用下清除风窗玻璃上的尘土和污物，使驾驶员保持良好的视野。

本次任务：了解喷洗器的功用，学会正确操作喷洗器，正确检查喷洗器的工作情况，对喷洗器进行检查与维护（图 2-2-1、图 2-2-2、图 2-2-3）。

图 2-2-1 喷洗器换挡杆

图 2-2-2 喷洗器液位检查

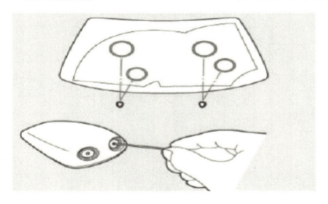

图 2-2-3 喷射位置及调整

二、任务提示

（一）工作方法

1. 根据任务描述，通过线上学习与讨论，了解喷洗器的工作原理和工作过程，通过查询互联网、查阅图书馆资料等途径收集、分析有关信息。

2. 以小组讨论的形式完成工作计划。

3. 按照工作计划，完成小组成员分工。

5. 对于出现的问题，请先自行解决。如确实无法解决，再寻求帮助。

5. 与指导教师讨论，进行学习总结。

（二）工作内容

1. 工作过程按照"六步法"实施。

2. 认真回答引导问题，仔细填写相关表格。

3. 小组合作完成任务，对任务完成情况的评价应客观、全面。

4. 执行"5S"管理制度。

（三）知识储备

1. 汽车结构基本常识。

2. 汽车使用基本常识。

3. 喷洗器的机构和功用。

4. 喷洗器的重要性。

5. 喷洗器的检查维护。

（四）注意事项与安全环保知识

1. 完成实训并经教师检查评估后，关闭气源和电源。

2. 请勿在没有确认车辆稳定之前进行操作。

3. 正确安装车外防护、车内防护设备。

4. 各类废弃物应按照垃圾分类要求投入相应垃圾桶。

5. 实训结束后，将工具设备归位，执行"5S"管理制度。

三、工作过程

（一）信息

1. 课前准备。

课前完成如下线上学习任务：

（1）从学习平台接受任务，通过查询互联网、查阅图书馆资料等途径收集、分析有关信息，学习喷洗器的基础知识；在课间，观看仿真操作视频、实训操作视频。

（2）在线讨论喷洗器检查与维护的操作步骤和操作规范，进行成果分享、交流与讨论。

2. 任务引导。

（1）为何要进行喷洗器的检查与维护？什么时候进行检查与维护？

（2）如何进行喷洗器的检查与调整？喷洗器检查与维护的要求与规范有哪些？

（二）计划

1. 根据小组成员情况进行分工（表 2-2-1）。

表 2-2-1　小组分工表

小组信息	班级名称			日期	
	小组名称			组长姓名	
	岗位分工	汇报员	观察员	记录员	技术员
	成员姓名				

说明：组长负责组织协调工作，汇报员负责分享信息并进行项目讲解，观察员负责计时和录像，记录员负责记录工作过程和填写表格，技术员负责项目的操作实施。

2. 讨论工作计划。

针对任务，小组成员共同讨论，列出不同车型喷洗器的类型、检查方式和注意事项（表 2-2-2）。

表 2-2-2　喷水器的检查表

序号	车型	喷洗器类型	检查方式	注意事项
1				
2				
3				

针对任务，小组成员共同讨论工作计划，列出本次维护任务所需器材的名称、功能用途（表 2-2-3）。

表 2-2-3　器材选型表

序号	器材名称	功能用途	备注
1			
2			
3			
4			
5			
6			
7			
8			
9			

（三）决策

1. 落实计划，选用相应的设备、工具、仪器，根据喷洗器检查与维护的操作步骤，制订工作计划流程（表2-2-4）。

表2-2-4 工作计划流程表

序号	工作步骤	预期目标	备注
1			
2			
3			
4			
5			
6			
7			

2. 方案展示。

已上传工作计划流程表的小组进行方案展示，其他小组对该方案提出意见和建议，完善方案。

（四）实施

1. 根据工作计划流程表，选用相应的设备、工具、仪器进行喷洗器的检查与维护操作（表2-2-5）。

要求：小组分工明确，全员参与，操作规范、安全。

表2-2-5 任务工作单

序号	作业内容	完成情况
1	安装车轮挡块和尾气收集器	
2	安装车内防护套件（车内三件套）	
3	拉起驻车制动，降下驾驶员侧车窗玻璃	
4	打开发动机舱盖	
5	安装车外防护套件（车外三件套）	
6	进行车辆预检工作	
7	收翼子板布和前格栅布，并关闭发动机舱盖	
8	检查喷洗器的喷射功能是否正常（启动时检查）	
9	检查刮水器联动功能是否正常	
10	检查喷洗器的喷射压力是否正常	
11	检查喷洗器的喷射位置是否正常	
12	车辆复位、清洁	
13	工具及场地执行"5S"管理制度	

2. 成果分享。

由其他小组对其操作过程进行分享及指正。针对问题，教师及时进行现场指导与分析。

（五）检查

对照各组计划和实施情况，请各组交换检查并填写检查表（表 2-2-6）。

表 2-2-6　检查表

项目名称：				检查时间：	
序号	检查点	检查标准		是否完成（Y/N）	未完成原因分析及措施
1					
2					
3					
4					
5					
6					
7					
8					
9					
10					

（六）评价

填写项目任务工作评价表（表 2-2-7）。

表 2-2-7　项目任务工作评价表

小组名			姓名		评价日期	
项目名称					评价时间	
否决项		违反设备操作规程与安全环保规范，造成设备损坏或人身事故，该项目 0 分				
评价要素		配分	等级与评分细则 （等级系数：A＝1,B＝0.8,C＝0.6,D＝0.2,E＝0）		自我评价	小组评价	教师评价
1	信息收集与工具选择	20 分	A. 能正确查询资料 B. 能正确选择工具设备 C. 经提示后会查阅手册，有大缺陷 D. 未完成				
2	制订计划	20 分	A. 能根据信息制订合理计划 B. 计划有小缺陷 C. 制订的计划基本可行 D. 制订了计划，有重大缺陷 E. 未完成				

续表

评价要素	配分	等级与评分细则 (等级系数:A=1,B=0.8,C=0.6,D=0.2,E=0)	自我评价	小组评价	教师评价
3 工作任务实施与检查	30 分	A. 严格按计划与规范实施计划，遇到问题能正确分析并解决，检查过程正常开展 B. 能认真实施计划，检查过程正常 C. 能实施保养与检查，工具设备有误操作 D. 未参与			
4 安全环保意识	10 分	A. 能严格遵守安全规范，执行"5S"管理制度 B. 能遵守规范，有安全环保意识 C. 能遵守规范，实施过程安全正常 D. 无安全环保意识			
5 综合素质考核	20 分	A. 积极参与小组工作，按时完成工作页，全勤 B. 能参与小组工作，完成工作页，出勤率 90%以上 C. 能参与小组工作，出勤率 80%以上 D. 未反映参与工作			
总分	100 分	得分			
根据学生实际情况，由培训师设定三个项目评分的权重，如 3∶3∶4			30%	30%	40%
加权后得分					
综合总分					

学生签字：_____
（日期）

培训师签字：_____
（日期）

四、项目学习总结

重点写出不足及今后工作的改进计划。

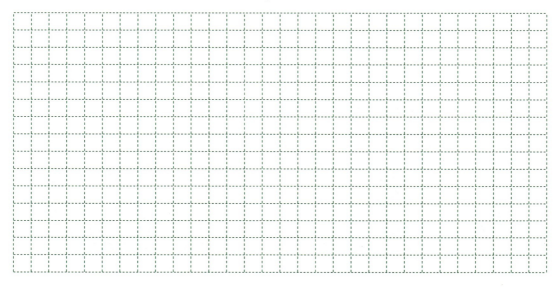

五、扩展与提高

列出喷洗器检查与维护的步骤及注意事项，预习刮水器的检查与维护。

六、相关理论知识

参见课程教材《汽车使用常识》《汽车结构常识》《汽车材料常识》及相关维修手册。

任务二　刮水器的检查与维护

一、任务描述

为了清除驾驶室风窗玻璃上妨碍驾驶员视线的雨水、雪花及尘土，汽车都装有风窗刮水器。目前，汽车上所用的刮水器有电动式和气动式两类。

本次任务：了解刮水器的功用，学会正确操作刮水器，学会正确检查刮水器的工作情况，对刮水器进行检查与维护（图 2-2-4、图 2-2-5）。

图 2-2-4　刮水器换挡杆

图 2-2-5　刮水器停止位置

二、任务提示

（一）工作方法

1. 根据任务描述，通过线上学习与讨论，了解刮水器的工作原理和工作过程，通过查询互联网、查阅图书馆资料等途径收集、分析有关信息。
2. 以小组讨论的形式完成工作计划。
3. 按照工作计划，完成小组成员分工。
4. 对于出现的问题，请先自行解决。如确实无法解决，再寻求帮助。
5. 与指导教师讨论，进行学习总结。

（二）工作内容

1. 工作过程按照"六步法"实施。
2. 认真回答引导问题，仔细填写相关表格。
3. 小组合作完成任务，对任务完成情况的评价应客观、全面。
5. 执行"5S"管理制度。

（三）知识储备

1. 汽车结构基本常识。
2. 汽车使用基本常识。
3. 刮水器的结构和功用。

（1）电动风窗刮水器是用电动机驱动的。刮水器的左右刮水刷片总成被刮水刷臂压靠在风窗玻璃外表面上，电动机驱动减速机构旋转，并通过驱动杆系作往复运动，带动刮水刷臂和刮水刷片总成左右摆动，刮刷风窗玻璃。刮水器电动机按其磁场机构分为线绕式和永磁式两种。

（2）气动风窗刮水器主要由刮水器本体、大活塞、换向活塞、进气量调节手柄等组成。气动风窗刮水器分为气动式和真空式两种。

4. 刮水器的重要性。
5. 刮水器的检查与维护。

（四）注意事项与安全环保知识

1. 完成实训并经教师检查评估后，关闭气源和电源。
2. 请勿在没有确认车辆稳定之前进行操作。
3. 正确安装车外防护、车内防护套件。
4. 各类废弃物应按照垃圾分类要求投入相应垃圾桶。
5. 实训结束后，将工具设备归位，执行"5S"管理制度。

三、工作过程

（一）信息

1. 课前准备。

课前完成如下线上学习任务：

（1）从学习平台接受任务，通过查询互联网、查阅图书馆资料等途径收集、分析有关信息，学习刮水器的基础知识；在课间，观看仿真操作视频、实训操作视频。

（2）在线讨论刮水器检查与维护的操作步骤和操作规范，进行成果分享、交流与讨论。

2. 任务引导。

（1）为何要进行刮水器的检查与维护？什么时候进行检查与维护？

（2）如何进行刮水器的检查与调整？刮水器检查与维护的要求与规范有哪些？

（二）计划

1. 根据小组成员情况进行分工（表2-2-8）。

表2-2-8　小组分工表

小组信息	班级名称			日期	
	小组名称			组长姓名	
	岗位分工	汇报员	观察员	记录员	技术员
	成员姓名				

说明：组长负责组织协调工作，汇报员负责分享信息并进行项目讲解，观察员负责计时和录像，记录员负责记录工作过程和填写表格，技术员负责项目的操作实施。

2. 讨论工作计划。

针对任务，小组成员共同讨论工作计划，列出不同车型刮水器的类型、检查方式和注意事项（表2-2-9）。

表2-2-9　喷水器的检查表

序号	车型	刮水器类型	检查方式	注意事项
1				
2				
3				

针对任务，小组成员共同讨论工作计划，列出本次维护任务所需器材的名称、功能用途（表2-2-10）。

表2-2-10　器材选型表

序号	器材名称	功能用途	备注
1			
2			
3			
4			

续表

序号	器材名称	功能用途	备注
5			
6			
7			
8			
9			

（三）决策

1. 落实计划，选用相应的设备、工具、仪器，根据刮水器检查与维护的操作步骤，制订工作计划流程（表2-2-11）。

表 2-2-11　工作计划流程表

序号	工作步骤	预期目标	备注
1			
2			
3			
4			
5			
6			
7			

2. 方案展示。

已上传工作计划流程表的小组进行方案展示，其他小组对该方案提出意见和建议，完善方案。

（四）实施

1. 根据工作计划流程表，选用相应的设备、工具、仪器进行刮水器的检查与维护操作（表2-2-12）。

要求：小组分工明确，全员参与，操作规范、安全。

表 2-2-12　任务工作单

序号	作业内容	完成情况
1	安装车轮挡块和尾气收集器	
2	安装车内防护套件（车内三件套）	
3	拉起驻车制动，降下驾驶员侧车窗玻璃	
4	打开发动机舱盖	

续表

序号	作业内容	完成情况
5	安装车外防护套件（车外三件套）	
6	进行车辆预检	
7	收翼子板布和前格栅布，并关闭发动机舱盖	
8	检查刮水器各挡位功能是否正常（启动时检查）	
9	检查刮水器刮拭效果是否良好	
10	检查刮水器停止位置是否正常	
11	车辆复位、清洁	
12	工具及场地执行"5S"管理制度	

2. 成果分享。

由其他小组对其操作过程进行分享及指正。针对问题，教师及时进行现场指导与分析。

（五）检查

对照各组计划和实施情况，请各组交换检查并填写检查表（表2-2-13）。

表2-2-13 检查表

项目名称：			检查时间：	
序号	检查点	检查标准	是否完成（Y/N）	未完成原因分析及措施
1				
2				
3				
4				
5				
6				
7				
8				
9				
10				

（六）评价

填写项目任务工作评价表（表2-2-14）。

表 2-2-14　项目任务工作评价表

小组名			姓名		评价日期		
项目名称					评价时间		
否决项		违反设备操作规程与安全环保规范，造成设备损坏或人身事故，该项目0分					
评价要素		配分	等级与评分细则 （等级系数：A=1，B=0.8，C=0.6，D=0.2，E=0）		自我评价	小组评价	教师评价
1	信息收集与工具选择	20分	A. 能正确查询资料 B. 能正确选择工具设备 C. 经提示后会查阅手册，有大缺陷 D. 未完成				
2	制订计划	20分	A. 能根据信息制订合理计划 B. 计划有小缺陷 C. 制订的计划基本可行 D. 制订了计划，有重大缺陷 E. 未完成				
3	工作任务实施与检查	30分	A. 严格按计划与规范实施计划，遇到问题能正确分析并解决，检查过程正常开展 B. 能认真实施计划，检查过程正常 C. 能实施保养与检查，工具设备有误操作 D. 未参与				
4	安全环保意识	10分	A. 能严格遵守安全规范，执行"5S"管理制度 B. 能遵守规范，有安全环保意识 C. 能遵守规范，实施过程安全正常 D. 无安全环保意识				
5	综合素质考核	20分	A. 积极参与小组工作，按时完成工作页，全勤 B. 能参与小组工作，完成工作页，出勤率90%以上 C. 能参与小组工作，出勤率80%以上 D. 未反映参与工作				
总分		100分		得分			
根据学生实际情况，由培训师设定三个项目评分的权重，如3∶3∶4					30%	30%	40%
				加权后得分			
				综合总分			

学生签字：＿＿＿＿＿＿＿＿＿＿　　　　培训师签字：＿＿＿＿＿＿＿＿＿＿

（日期）　　　　　　　　　　　　　　（日期）

四、项目学习总结

重点写出不足及今后工作的改进计划。

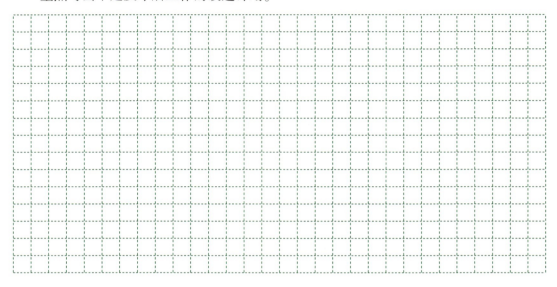

五、扩展与提高

列出刮水器检查与维护的步骤及注意事项，预习雨刮条的检查与维护。

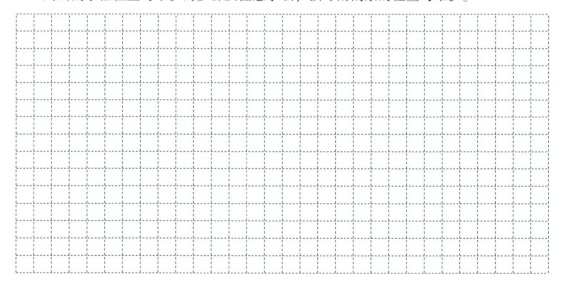

六、相关理论知识

参见课程教材《汽车使用常识》《汽车结构常识》《汽车材料常识》及相关维修手册。

任务三　雨刮条的检查与维护

一、任务描述

雨刮条是安装在风窗上的重要附件，它的作用是扫除风窗玻璃上妨碍视线的雨雪和尘土。因此，它对于行车安全具有重要作用。

本次任务：了解雨刮条的功用，学会正确选择合适的雨刮条，正确判断雨刮条的更换时间并能够正确地更换雨刮条，正确检查雨刮条的工作情况，对雨刮条进行检查与维护（图 2-2-6、图 2-2-7、图 2-2-8）。

图 2-2-6　汽车前挡风玻璃与雨刮条

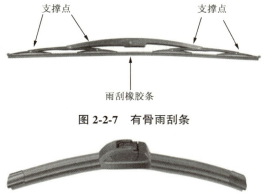

图 2-2-7　有骨雨刮条

图 2-2-8　无骨雨刮条

二、任务提示

（一）工作方法

1. 根据任务描述，通过线上学习与讨论，了解雨刮条的功用，能够对不同的雨刮器进行检查与维护。

2. 了解喷洗器的工作原理和工作过程，通过查询互联网、查阅图书馆资料等途径收集、分析有关信息。

3. 以小组讨论的形式完成工作计划。

4. 按照工作计划，完成小组成员分工。

5. 对于出现的问题，请先自行解决。如确实无法解决，再寻求帮助。

6. 与指导教师讨论，进行学习总结。

（二）工作内容

1. 工作过程按照"六步法"实施。

2. 认真回答引导问题，仔细填写相关表格。

3. 小组合作完成任务，对任务完成情况的评价应客观、全面。

4. 执行"5S"管理制度。

（三）知识储备

1. 汽车结构基本常识。

2. 汽车使用基本常识。

3. 雨刮条的功用。

常见的雨刮片一般分为两种类型：一种是传统间歇式，这是最常见的雨刮片，由驾驶者依照雨势和视线状况做调整；另一种是雨珠感应式。

4. 雨刮条的重要性。

质量好的雨刮片具备耐热、耐寒、耐酸碱、抗腐蚀、能贴合挡风玻璃、减轻发动机负担、低噪音、拨水性强、质软不刮伤挡风玻璃等特点，能使驾驶员视野清晰。

5. 雨刮条的检查与维护。

（四）注意事项与安全环保知识

1. 完成实训并经教师检查评估后，关闭气源和电源。

2. 请勿在没有确认车辆稳定之前进行操作。

3. 正确安装车外防护、车内防护套件。

4. 各类废弃物应按照垃圾分类要求投入相应垃圾桶。

5. 实训结束后，将工具设备归位，执行"5S"管理制度。

三、工作过程

（一）信息

1. 课前准备。

课前完成如下线上学习任务：

（1）从学习平台接受任务，通过查询互联网、查阅图书馆资料等途径收集、分析有关信息，学习雨刮条的结构与分类；课间观看仿真操作视频、实训操作视频。

（2）在线讨论雨刮条检查与维护的操作步骤和操作规范，进行成果分享、交流与讨论。

2. 任务引导。

（1）为何要进行雨刮条的检查与维护？什么时候进行检查与维护？

（2）如何进行雨刮条的检查与调整？雨刮条检查与维护的要求与规范有哪些？

（二）计划

1. 根据小组成员情况进行分工（表2-2-15）。

表 2-2-15 小组分工表

小组信息	班级名称		日期		
	小组名称		组长姓名		
	岗位分工	汇报员	观察员	记录员	技术员
	成员姓名				

说明：组长负责组织协调工作，汇报员负责分享信息并进行项目讲解，观察员负责计时和录像，记录员负责记录工作过程和填写表格，技术员负责项目的操作实施。

2. 讨论工作计划。

针对任务，小组成员共同讨论，列出不同车型雨刮条的类型、检查与更换方式及注意事项（表2-2-16）。

表 2-2-16　雨刮条检查表

序号	车型	雨刮条类型	检查与更换方式	注意事项
1				
2				
3				

针对任务，小组成员共同讨论工作计划，列出本次维护任务所需器材的名称、功能用途（表2-2-17）。

表 2-2-17　器材选型表

序号	器材名称	功能用途	备注
1			
2			
3			
4			
5			
6			
7			
8			
9			

（三）决策

1. 落实计划，选用相应的设备、工具、仪器，根据雨刮条检查与维护的操作步骤，制订工作计划流程（表2-2-18）。

表 2-2-18　工作计划流程表

序号	工作步骤	预期目标	备注
1			
2			
3			
4			
5			
6			
7			

2. 方案展示。

已上传工作计划流程表的小组进行方案展示，其他小组对该方案提出意见和建议，完善方案。

（四）实施

1. 根据工作计划流程表，选用相应的设备、工具、仪器进行雨刮条的检查与维护操作（表2-2-19）。

要求：小组分工明确，全员参与，操作规范、安全。

表 2-2-19　任务工作单

序号	作业内容	完成情况
1	安装车轮挡块和尾气收集器	
2	安装车内防护套件（车内三件套）	
3	拉起驻车制动，降下驾驶员侧车窗玻璃	
4	打开发动机舱盖	
5	安装车外防护套件（车外三件套）	
6	进行车辆预检	
7	收翼子板布和前格栅布并关闭发动机舱盖	
8	检查雨刮条的主桥、副桥是否存在扭曲变形现象	
9	检查胶条是否存在老化、龟裂或折断现象	
10	车辆复位、清洁	
11	工具及场地执行"5S"管理制度	

2. 成果分享。

由其他小组对其操作过程进行分享及指正。针对问题，教师及时进行现场指导与分析。

（五）检查

对照各组计划和实施情况，请各组交换检查并填写检查表（表2-2-20）。

表 2-2-20　检查表

项目名称：				检查时间：
序号	检查点	检查标准	是否完成（Y/N）	未完成原因分析及措施
1				
2				
3				
4				
5				
6				
7				

续表

序号	检查点	检查标准	是否完成（Y/N）	未完成原因分析及措施
8				
9				
10				

（六）评价

填写项目任务工作评价表（表2-2-21）。

表2-2-21 项目任务工作评价表

小组名			姓名		评价日期		
项目名称					评价时间		
否决项			违反设备操作规程与安全环保规范，造成设备损坏或人身事故，该项目0分				
评价要素		配分	等级与评分细则 （等级系数：A=1，B=0.8，C=0.6，D=0.2，E=0）		自我评价	小组评价	教师评价
1	信息收集与工具选择	20分	A. 能正确查询资料 B. 能正确选择工具设备 C. 经提示后会查阅手册，有大缺陷 D. 未完成				
2	制订计划	20分	A. 能根据信息制订合理计划 B. 计划有小缺陷 C. 制订的计划基本可行 D. 制订了计划，有重大缺陷 E. 未完成				
3	工作任务实施与检查	30分	A. 严格按计划与规范实施计划，遇到问题能正确分析并解决，检查过程正常开展 B. 能认真实施计划，检查过程正常 C. 能实施保养与检查，工具设备有误操作 D. 未参与				
4	安全环保意识	10分	A. 能严格遵守安全规范，执行"5S"管理制度 B. 能遵守规范，有安全环保意识 C. 能遵守规范，实施过程安全正常 D. 无安全环保意识				
5	综合素质考核	20分	A. 积极参与小组工作，按时完成工作页，全勤 B. 能参与小组工作，完成工作页，出勤率90%以上 C. 能参与小组工作，出勤率80%以上 D. 未反映参与工作				
总分		100分		得分			
根据学生实际情况，由培训师设定三个项目评分的权重，如3：3：4					30%	30%	40%
				加权后得分			
				综合总分			

学生签字：_____　　　　培训师签字：_____

（日期）　　　　　　　　　　　　　　（日期）

四、项目学习总结

重点写出不足及今后工作的改进计划。

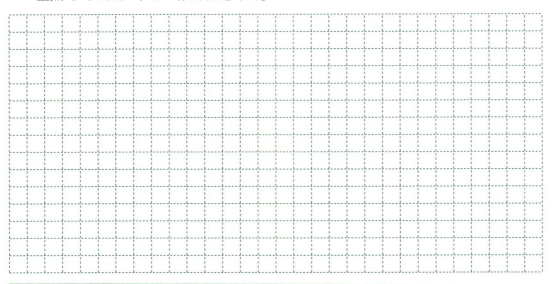

五、扩展与提高

列出雨刮条拆卸与安装、检查与维护的步骤以及注意事项。

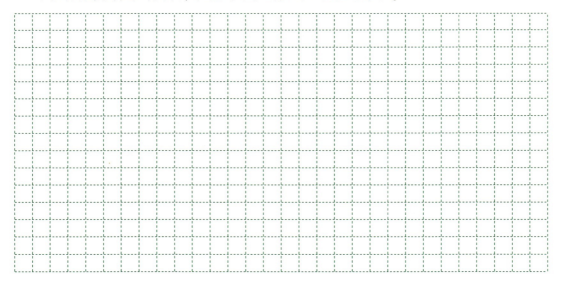

六、相关理论知识

参见课程教材《汽车使用常识》《汽车结构常识》《汽车材料常识》及相关维修手册。

项目三　空调系统的检查与维护

任务一　汽车空调滤清器的检查与更换

一、任务描述

汽车空调在夏季使用非常频繁，如果车主在换季时没有及时对汽车空调进行清洗和保养，汽车空调滤清器中的滤芯（图 2-3-1）会变得非常脏。如果空调滤芯太脏没有及时清理或更换，散热器、蒸发器、翅片表面就会积累大量灰尘和污垢，容易造成气流堵塞，导致空调的制冷效果下降，这样不仅增加耗电、产生噪声，同时也会影响汽车空调的使用寿命。更为严重的是，留在空调滤芯上的杂质会产生霉变、滋生细菌，从而危害驾驶员和乘客的健康，如诱发呼吸道疾病等。那么我们如何更换变脏的空调滤芯呢？

图 2-3-1　空调滤芯

本次任务：了解更换空调滤芯的重要性，熟悉汽车空调滤芯的安装位置，掌握更换空调滤芯的操作技能。

二、任务提示

（一）工作方法

根据任务描述，通过线上学习与讨论，了解更换汽车空调滤芯的流程，通过查询互联网、查阅图书馆资料等途径收集、分析有关信息。

1. 以小组讨论的形式完成工作计划。
2. 按照工作计划，完成小组成员分工。
3. 对于出现的问题，请先自行解决。如确实无法解决，再寻求帮助。
4. 与指导教师讨论，进行学习总结。

（二）工作内容

1. 工作过程按照"六步法"实施。
2. 认真回答引导问题，仔细填写相关表格。
3. 小组合作完成任务，对任务完成情况的评价应客观、全面。
4. 进行现场"5S"管理，并按照岗位安全操作规程进行操作。

（三）知识储备

1. 汽车空调的结构：汽车空调一般主要由压缩机、冷凝器、蒸发器、膨胀阀、贮液干燥器、冷却风扇、管路等组成。
2. 汽车空调的功用：调节车内温度、湿度、气流速度、空气洁净度和除霜等，为乘客及驾驶人创造舒适的车内环境，减轻驾驶人的疲劳度，提高行车安全性。
3. 汽车空调的工作原理：利用制冷剂（R134a）从液态变成气态时吸收大量热能进行制冷。每个循环有四个基本过程：压缩过程、散热过程、节流过程、吸热过程。上述过程周而复始地循环进行，从而达到降低蒸发器周围空气温度的目的。
4. 汽车空调系统的分类：独立式空调、非独立式空调。
5. 汽车空调滤芯的种类及安装位置。

（四）注意事项与安全环保知识

1. 熟悉实训设备的使用方法。
2. 使用压缩空气滤芯清洁空调滤芯。
3. 操作结束后，将器材归位，执行"5S"管理制度。

三、工作过程

（一）信息

1. 课前准备。

课前完成如下线上学习任务：

（1）从学习平台接受任务，通过查询互联网、查阅图书馆资料等途径收集、分析有关信息。

（2）在线讨论，在组内进行成果分享、交流。

2. 任务引导。

（1）设计更换汽车空调滤芯方案。

（2）了解汽车空调滤芯的种类及安装位置。

（二）计划

1. 根据小组成员情况进行分工（表 2-3-1）。

表 2-3-1　小组分工表

小组信息	班级名称			日期	
	小组名称			组长姓名	
	岗位分工	汇报员	观察员	记录员	技术员
	成员姓名				

说明：组长负责组织协调工作，汇报员负责分享信息并进行项目讲解，观察员负责计时和录像，记录员负责记录工作过程和填写表格，技术员负责项目的操作实施。

2. 针对任务，列出本次任务所需实训器材的名称及功能用途（表 2-3-2）。

表 2-3-2　器材选型表

序号	器材图片	器材名称	功能用途
1			
2			

（三）决策

1. 制订工作计划流程表。

（1）如何更换汽车空调滤芯？

（2）各小组制订工作计划流程表（表 2-3-3），并通过网络传送给指导教师。

表 2-3-3　工作计划流程表

序号	操作步骤	预期目标	备注
1			
2			
3			
4			
5			
6			
7			
8			

续表

序号	操作步骤	预期目标	备注
9			
10			
11			
12			
13			
14			
15			

2. 方案展示。

已上传工作计划流程表的小组进行方案展示,其他小组对该方案提出意见和建议,完善方案。

(四) 实施

根据工作计划流程表,选用相应的设备、工具、仪器进行汽车空调滤芯的检查与维护(表2-3-4—表2-3-7)。

要求:小组分工明确,全员参与,操作规范、安全。

表2-3-4 任务工作单1

序号	作业内容	完成情况
1	将工位清理干净,排除障碍物,准备好相关的工具、物品等	
2	将车辆停驻在举升机平台的中央位置	
3	安装车轮挡块、尾气收集器、三件套	
4	打开点火开关、打开主驾驶电动车窗、将换挡杆置于P挡、拉紧驻车制动器	

表2-3-5 任务工作单2

序号	作业内容	完成情况
1	松下副驾驶室手套箱盖总成	
2	取下空调滤芯盖	
3	取出空调滤芯	

续表

序号	作业内容	完成情况
4	将空调滤芯及空调滤芯盖摆到零件车上	

表 2-3-6　任务工作单 3

序号	作业内容	完成情况
1	用干净棉纱擦净进气罩口附近的灰尘	
2	使用压缩空气吹净空调滤芯上的灰尘	
3	检查空调滤芯是否损坏，如有损坏应该换新件	

表 2-3-7　任务工作单 4

序号	作业内容	完成情况
1	将空调滤芯的边框凹槽对准进气罩上的条形凸起后，将空调滤芯安装到进气罩上	
2	将空调滤芯盖安装在支架上	
3	将防护板安装到位	
4	车辆复位、清洁	
5	工具及场地执行"5S"管理制度	

2. 成果分享。

由其他小组对其操作过程进行分享及解答。针对问题，教师及时进行现场指导与分析。

（五）检查

对照各组计划和实施情况，请各组交换检查并填写检查表（表 2-3-8）。

表 2-3-8　检查表

项目名称：				检查时间：
序号	检查点	检查标准	是否完成（Y/N）	未完成原因分析及措施
1				
2				
3				
4				
5				
6				
7				
8				
9				
10				

（六）评价

填写项目任务工作评价表（表 2-3-9）。

表 2-3-9　项目任务工作评价表

小组名		姓名		评价日期	
项目名称				评价时间	
序号	考核项目	满分	评分标准		得分
1	作业前整理工位	5	酌情扣分		
2	车辆可靠停驻	5	停驻不当扣 5 分		
3	粘贴翼子板护裙	5	操作不当扣 5 分		
4	安装驾驶室内保护罩	5	操作不当扣 5 分		
5	拆装手套箱盖总成	15	操作不当扣 15 分		
6	拆装空调滤芯盖	10	操作不当扣 10 分		
7	拆装空调滤芯	25	操作不当扣 25 分		
8	清洁空调滤芯及进气口	10	操作不当扣 10 分		
9	检查空调滤芯	15	检查不当扣 15 分		
10	作业后整理工位	5	酌情扣分		
11	遵守相关安全规范		因违规操作造成人身伤害和设备事故的，总分按 0 分计		
综合得分					

学生签字：＿＿＿＿＿＿　　　培训师签字：＿＿＿＿＿＿
（日期）　　　　　　　　　（日期）

四、项目学习总结

重点写出不足及今后工作的改进计划。

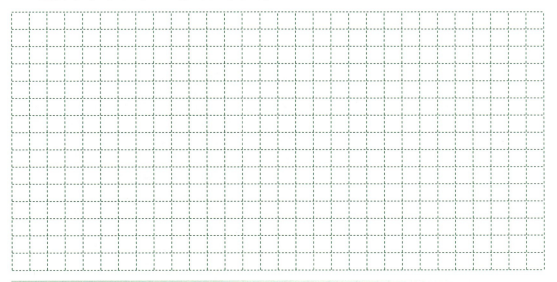

五、扩展与提高

了解汽车空调暖风系统的结构原理。

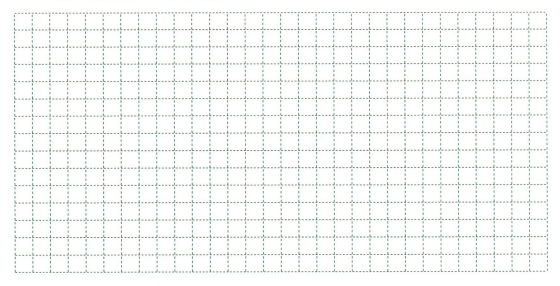

六、相关理论知识

相关理论知识参见课程教材《汽车空调》及相关维修手册。

任务二　汽车空调的检查与维护

一、任务描述

在汽车空调的检查与维护中，加注空调系统制冷剂是关键，空调制冷剂一定要按照规定的数量添加。加少了，制冷剂的压力不够，空调制冷效果（图 2-3-2）差；加多了，空调系统的压力增加，空调控制系统检测到压力过高，会频繁切断压缩机工作，制冷效果也会差。同时，空调管道内压力一直偏高，会导致空调部件损坏。那么，我们如何正确加注空调制冷剂呢？

图 2-3-2　空调制冷效果（模拟）

本次任务：了解加注空调制冷剂的重要性，熟悉汽车空调系统制冷循环管路的组成与工作原理，掌握加注空调系统制冷剂的操作技能。

二、任务提示

（一）工作方法

1. 根据任务描述，通过线上学习与讨论，了解加注空调系统制冷剂的流程，通过查询互联网、阅图书馆资料等途径收集、分析有关信息。

2. 以小组讨论的形式完成工作计划。

3. 按照工作计划，完成小组成员分工。

4. 对于出现的问题，请先自行解决。如确实无法解决，再寻求帮助。

5. 与指导教师讨论，进行学习总结。

（二）工作内容

1. 工作过程按照"六步法"实施。

2. 认真回答引导问题，仔细填写相关表格。

3. 小组合作完成任务，对任务完成情况的评价应客观、全面。

4. 进行现场"5S"管理，并按照岗位安全操作规程进行操作。

（三）知识储备

1. 汽车空调主要部件。

（1）压缩机。汽车空调压缩机是汽车空调制冷系统的心脏，起着压缩和输送制冷剂蒸汽的作用。压缩机分为不可变排量和可变排量两种。根据工作原理的不同，空调压缩机可以分为定排量压缩机和变排量压缩机。

（2）冷凝器。冷凝器是在一排弯绕的管道上布满散热用的金属薄片，以此实现外界空气与管道内物质的热交换的装置。

（3）膨胀阀。在汽车空调系统中，膨胀阀是控制制冷剂进入蒸发器的关键部件，如果制冷剂进入蒸发器太多，就不易蒸发；如果制冷剂进入蒸发器太少，冷气又会不够。

（4）蒸发器。蒸发器的结构与冷凝器相似，但作用恰好相反，蒸发器是制冷剂由液态变成气态（即蒸发）吸收热量的场所，流经其表面的空气被冷却后，空调出风口就吹出冷气。

（5）贮液干燥器。贮液干燥器用来贮存制冷剂，并吸收制冷剂中的水分和杂质。

2. 正确选用空调制冷剂和冷冻机油。

（1）空调制冷剂的作用是降低车内空气的温度。制冷剂是在制冷系统中不断循环并通过其本身的状态变化以实现制冷的工作物质。

（2）冷冻机油也称"压缩机油"，是一种在高温和低温工况下均能正常工作的特殊润滑油。

（四）注意事项与安全环保知识

1. 熟悉实验设备的使用方法。
2. 在空调制冷循环系统中加注制冷剂时，应注意制冷剂的型号。
3. 通过高压管路加注制冷剂时，严禁压缩机运行且必须关闭低压侧阀门。
4. 加注制冷剂时应佩戴防护眼镜和手套，以免制冷剂进入眼睛或溅到皮肤上。
5. 加注制冷剂后，应进行泄漏检查。
6. 操作结束后，将器材归位，执行"5S"管理制度。

三、工作过程

（一）信息

1. 课前准备。

课前完成如下线上学习任务：

（1）从学习平台接受任务，通过查询互联网、查阅图书馆资料等途径收集、分析有关信息。

（2）在线讨论，在组内进行成果分享、交流。

2. 任务引导。

（1）设计加注空调系统制冷剂的步骤方案。

（2）了解汽车空调制冷剂和冷冻机油的种类、特点及使用场合。

（二）计划

1. 根据小组成员情况进行分工（表2-3-10）。

表 2-3-10　小组分工

小组信息	班级名称			日期	
	小组名称			组长姓名	
	岗位分工	汇报员	观察员	记录员	技术员
	成员姓名				

说明：组长负责组织协调工作，汇报员负责分享信息并进行项目讲解，观察员负责计时和录像，记录员负责记录工作过程和填写表格，技术员负责项目的操作实施。

2. 针对任务，列出本次任务所需实训器材的名称及功能用途（表 2-3-11）。

表 2-3-11　器材选型表

序号	器材图片	器材名称	功能用途
1			
2			
3			
4			

(三) 决策

1. 制订工作计划流程表。

(1) 如何加注汽车空调制冷剂？

(2) 各小组制订工作计划流程表（表2-3-12），并通过网络传送给指导教师。

表 2-3-12　工作计划流程表

序号	操作步骤	预期目标	备注
1			
2			
3			
4			
5			
6			
7			
8			
9			
10			
11			
12			
13			
14			
15			

2. 方案展示。

已上传工作计划流程表的小组进行方案展示，其他小组对该方案提出意见和建议，完善方案。

(四) 实施

1. 实施。

根据工作计划流程表，选用相应的设备、工具、仪器加注空调系统制冷剂（表2-3-13—表2-3-17）。

要求：小组分工明确，全员参与，操作规范、安全。

表 2-3-13　任务工作单 1

序号	作业内容	功能用途	完成情况
_____	第一步　事前准备		
1	将工位清理干净，排除障碍物，准备好相关的工具、物品等		
2	将车辆停驻在举升机平台的中央位置		
3	安装车轮挡块、尾气收集管、三件套		
4	打开点火开关、打开主驾驶侧电动车窗、将换挡杆置于 P 挡、拉紧驻车制动器		

表 2-3-14　任务工作单 2

序号	作业内容	功能用途	完成情况
	第二步　回收加注机自检漏、查找数据		
1	打开电源开关，查看仪器上显示的工作罐质量，将回收前的罐重数值记录在回收数据表中		
2	分别将高低压软管接头顺时针连接在回收机接口上		
3	选择"自检漏"菜单，进入自检漏		
4	仪器自动进入保压状态		
5	启动发动机制冷装置运行 3~5 min		
6	确定车辆制冷剂型号及制冷剂量		

表 2-3-15　任务工作单 3

第三步　回收制冷剂			
序号	作业内容	功能用途	完成情况
1	戴好防护手套与防护眼镜		
2	将快速接头分别安装到空调低压、高压循环管路的阀门上		
3	进入回收程序		
4	排废油，计算排出的冷冻机油量（废油）		

表 2-3-16　任务工作单 4

第四步　制冷剂净化、抽真空、补充冷冻机油			
序号	作业内容	功能用途	完成情况
1	制冷剂自动进行净化处理		
2	设定时间，进行抽真空操作		
3	仪器对系统进行泄漏检测		
4	查看冷冻机油液面的位置，加注冷冻机油		

表 2-3-17　任务工作单 5

第五步　加注制冷剂、空调管路泄漏检查、整理工位

制冷剂有两种加注方法：液态加注法和气态加注法。液态加注制冷剂时，要保持空调压缩机不工作，制冷剂从高压管路注入，低压表侧管路关闭；气态加注制冷剂时，要保持空调压缩机处于工作状态，制冷剂低压管路注入，高压表侧管路关闭。我们以液态加注制冷剂 R134a 为例进行学习

序号	作业内容	功能用途	完成情况
1	检查工作罐中的制冷剂质量，当质量不足 3 kg 时，应予以补充		
2	选择加注制冷剂量		
3	进行制冷剂充注		
4	观察高压表和低压表显示数值的变化情况		

续表

序号	作业内容	功能用途	完成情况
5	分别逆时针旋转高、低压快速接头,并将其从管路上取下		
6	用仪器对管路进行清洁处理		
7	用检漏仪进行空调管路泄漏检查		
8	车辆复位、清洁		
9	工具及场地执行"5S"管理制度		

2. 成果分享。

由其他小组对其操作过程进行分享及解答。针对问题,教师及时进行现场指导与分析。

(五)检查

对照各组计划和实施情况,请各组交换检查并填写检查表(表2-3-18)。

表2-3-18 检查表

项目名称:			检查时间:	
序号	检查点	检查标准	是否完成(Y/N)	未完成原因分析及措施
1				
2				
3				
4				
5				
6				
7				
8				
9				
10				

（六）评价

填写项目任务工作评价表（表 2-3-19）。

表 2-3-19 项目任务工作评价表

小组名		姓名		评价日期	
项目名称				评价时间	

序号	考核项目	满分	评分标准	得分
1	作业前整理工位	3	酌情扣分	
2	工位停车	2	停车不当扣 2 分	
3	粘贴翼子板护裙	3	操作不当扣 3 分	
4	安装驾驶室内保护罩	3	操作不当扣 3 分	
5	回收加注机自检漏	4	操作不当扣 4 分	
6	查找数据库	4	操作不当扣 4 分	
7	连接加注机与空调管路间的软管	7	操作不当扣 7 分	
8	启动发动机并打开空调及鼓风机开关	6	操作不当扣 6 分	
9	空调系统制冷剂的回收	10	操作不当扣 10 分	
10	制冷剂的净化	5	操作不当扣 5 分	
11	空调系统的抽真空处理	6	操作不当扣 6 分	
12	系统补充冷冻机油	9	操作错误扣 9 分	
13	加注制冷剂	15	操作错误扣 15 分	
14	空调制冷剂系统检漏	8	检查不当扣 8 分	
15	通过观察窗检查制冷剂的加注量	8	检查错误扣 8 分	
16	检漏仪的使用方法	8	使用不当扣 8 分	
17	作业后整理工位	4	酌情扣分	
18	遵守相关安全规范	因违规操作造成人身伤害和设备事故的，总分按 0 分计		
综合得分				

学生签字：_____　　　培训师签字：_____
（日期）　　　　　　　　　　　　（日期）

四、项目学习总结

重点写出不足及今后工作的改进计划。

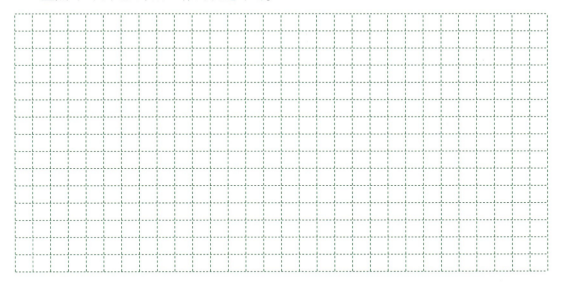

五、扩展与提高

了解汽车空调高、低压开关使用注意事项。

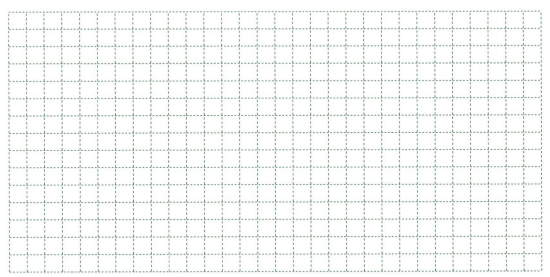

六、相关理论知识

相关理论知识参见课程教材《汽车空调》及相关维修手册。

思政案例

创新意识——科技引领未来，创新驱动发展

创新技术典型案例一：智能园区清扫车

智能园区清扫车采用先进的多传感器融合技术，在定位感知方面搭载了高精度组合导航产品，用于获取稳定、可靠的高精度位置和姿态信息，辅助清扫车实现 100 米内自动避障、路径规划、自动驾驶、洒水清扫智能控制等功能。智能园区清扫车能够有效降低城市环卫工人的劳动强度，减少夜间疲劳驾驶所带来的安全隐患，对减少城市二氧化碳排放和环境污染、优化能源结构、助力建设智能型城市具有积极意义。

智能无人化环卫既是减少人工依赖、提升环卫工作智能化水平的最优路径，也是人工智能、无人驾驶、5G 通信等前沿技术在生活场景中的重要应用，可以让无人驾驶技术融入美好生活，满足人们日益增长的美好环境需求。

创新技术典型案例二：智能方向盘

智能方向盘没有转向灯/换挡拨杆设计，可以自动进行转向。

智能方向盘的模样与许多赛车的 U 型方向盘差不多，有两个控制滚轮和两个触摸按键，再纳入强制触摸按钮来激活转向灯、远光灯、喇叭、自动驾驶仪、挡风玻璃雨刷和语音命令。

智能方向盘最大的变化是取消了原来方向盘边上的换挡拨杆。车辆将根据周围环境、前方障碍物及导航路线智能判断车辆所需挡位。如果车辆切换的挡位不如预期，驾驶员可以通过中控屏幕的虚拟按钮进行挡位切换。

汽车将"猜测"驾驶方向。如果车辆的头部正对着车库的墙壁，它将检测到这一点，并在司机踩下刹车踏板后自动换成倒车。如果它"猜"错了，司机可以使用车辆的触摸屏取消这一命令。

在城市化发展进程中，交通是发展的命脉。关于出行，日常生活中我们所能感受到的交通已经发生了巨大的变化。智能创新技术能有效解决道路拥堵、停车困难、交通事故频发等问题，最大程度保障交通安全。

模块三

发动机部分的维护

项目一 进气系统的检查与维护

任务一 空气滤清器的检查与更换

一、任务描述

空气滤清器是发动机进气系统的过滤器,它能防止泥沙、灰尘等杂质进入汽缸,避免发动机的异常磨损(图3-1-1)。空气滤清器一般位于发动机舱内,在发动机进气管的前端,进气总管一般是塑料软管,管道直径较大。它装在前端进气软管的塑料盒内,如图3-1-2所示。

如果空气滤清器的滤芯被堵塞,则发动机的进气量将减少,发动机的输出功率就会降低,燃油的经济性就会变差,所以必须定期检查和清洁空气滤清器的滤芯,及时更换脏污或受潮发霉的滤芯。

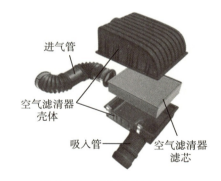

图3-1-1 空气滤清器的结构

图3-1-2 空气滤清器的安装位置

本次任务:熟悉空气滤清器的结构、类型、功用,掌握空气滤清器的清洁方法,学会正确清洁和更换空气滤清器,学会正确检查进气管外观,掌握安全作业注意事项。

二、任务提示

(一)工作方法

1. 根据任务描述,通过线上学习与讨论,了解空气滤清器的结构、类型、功用,明确空气滤清器的清洁方法,了解更换空气滤清器的注意事项,初步制订空气滤清器检查与更换的步骤,通过查询互联网、查阅图书馆资料等途径收集、分析有关信息。

2. 以小组讨论的形式完成工作计划。

3. 按照工作计划，完成小组成员分工。
4. 对于出现的问题，请先自行解决。如确实无法解决，再寻求帮助。
5. 与指导教师讨论，进行学习总结。

（二）工作内容

1. 工作过程按照"六步法"实施。
2. 认真回答引导问题，仔细填写相关表格。
3. 小组合作完成任务，对任务完成情况的评价应客观、全面。
4. 执行"5S"管理制度。

（三）知识储备

1. 汽车发动机的结构。
2. 空气供给系统的组成：由空气滤清器、空气流量传感器、进气压力传感器、进气软管、节气门、进气总管、进气歧管等组成。
3. 空气滤清洁的类型：有纸质滤芯型空气滤清器、织物滤芯型空气滤清器、油浴型空气滤清器等几种类型。
4. 空气滤清器的更换要求：更换时必须采用同型号的滤芯，必须注意滤芯的安装方向，应注意避免空气滤清器盖安装不到位。

（四）注意事项与安全环保知识

1. 熟悉实训设备的使用方法。
2. 完成实训并经教师检查评估后，关闭气源和电源。
3. 请勿在没有确认车辆稳定之前进行操作。
4. 确认更换下来的空气滤清器环保处理。
5. 各类废弃物应按照垃圾分类要求投入相应垃圾桶。
6. 实训结束后，将工具设备归位，执行"5S"管理制度。

三、工作过程

（一）信息

1. 课前准备。

课前完成如下线上学习任务：

（1）从学习平台接受任务，通过查询互联网、查阅图书馆资料等途径收集有关信息，然后分组进行"5S"管理制度的阐述。

（2）在线讨论空气滤清器检查与更换的步骤，组内进行成果分享、交流与讨论。

2. 任务引导。

（1）为何要进行空气滤清器的检查与更换？更换周期是多久？

（2）如何清洁空气滤清器？空气滤清器更换的步骤和规范是怎样的？

(二) 计划

1. 根据小组成员情况进行分工（表3-1-1）。

表3-1-1　小组分工表

小组信息	班级名称			日期	
	小组名称			组长姓名	
	岗位分工	汇报员	观察员	记录员	技术员
	成员姓名				

说明：组长负责组织协调工作，汇报员负责分享信息并进行项目讲解，观察员负责计时和录像，记录员负责记录工作过程和填写表格，技术员负责项目的操作实施。

2. 讨论工作计划。

小组成员共同讨论工作计划，列出不同车型空气滤清器的类型、清洁方式和注意事项（表3-1-2）。

表3-1-2　空气滤清器类型表

序号	车型	空气滤清器类型	清洁方式	注意事项
1				
2				
3				

小组成员共同讨论工作计划，列出本次操作所用器材的名称及其功能用途（表3-1-3）。

表3-1-3　器材选型表

序号	器材名称	功能用途	备注
1			
2			
3			
4			
5			
6			
7			
8			
9			
10			

(三) 决策

1. 制订工作计划流程表。

制订空气滤清器的检查与更换的步骤。各小组制订工作计划流程表（表3-1-4），并传送给指导教师。

表 3-1-4 工作计划流程表

序号	工作步骤	预期目标	备注
1			
2			
3			
4			
5			
6			
7			
8			
9			
10			

2. 方案展示。

已上传工作计划流程表的小组进行方案展示，其他小组对该方案提出意见和建议，完善方案。

（四）实施

1. 根据工作计划流程表，选用相应的设备、工具、仪器进行空气滤清器的检查与更换（表 3-1-5）。

要求：小组分工明确，全员参与，操作规范、安全。

表 3-1-5 任务工作单

序号	作业内容	完成情况
1	安装车轮挡块	
2	安装车内防护套件	
3	拉起驻车制动杆，降下驾驶员侧车窗玻璃	
4	打开发动机舱盖	
5	安装车外防护套件	
6	清洁空气滤清器壳体	
7	清洁（更换）空气滤芯	
8	检查进气管外观及安装情况	
9	车辆复位、清洁	
10	工具及场地"5S"管理制度	

2. 成果分享。

由其他小组对其操作过程进行分享及指正。针对问题，教师及时进行现场指导与分析，最终完善方案。

（五）检查

对照各组计划和实施情况，请各组交换检查并填写检查表（表 3-1-6）。

表 3-1-6　检查表

项目名称：			检查时间：	
序号	检查点	检查标准	是否完成（Y/N）	未完成原因分析及措施
1				
2				
3				
4				
5				
6				
7				
8				
9				
10				

（六）评价

填写项目任务工作评价表（表 3-1-7）。

表 3-1-7　项目任务工作评价表

小组名			姓名		评价日期	
项目名称					评价时间	
否决项		违反设备操作规程与安全环保规范，造成设备损坏或人身事故，该项目 0 分				
评价要素		配分	等级与评分细则 （等级系数：A=1，B=0.8，C=0.6，D=0.2，E=0）	自我评价	小组评价	教师评价
1	信息收集与工具选择	20 分	A. 能正确查询资料 B. 能正确选择工具设备 C. 经提示后会查阅手册，有大缺陷 D. 未完成			
2	制订计划	20 分	A. 能根据信息制订合理计划 B. 计划有小缺陷 C. 制订的计划基本可行 D. 制订了计划，有重大缺陷 E. 未完成			
3	工作任务实施与检查	30 分	A. 严格按计划与规范实施计划，遇到问题能正确分析并解决，检查过程正常开展 B. 能认真实施计划，检查过程正常 C. 能实施保养与检查，工具设备有误操作 D. 未参与			

续表

评价要素		配分	等级与评分细则 （等级系数：A＝1，B＝0.8，C＝0.6，D＝0.2，E＝0）	自我评价	小组评价	教师评价
4	安全环保意识	10 分	A. 能严格遵守安全规范，执行"5S"管理制度 B. 能遵守规范，有安全环保意识 C. 能遵守规范，实施过程安全正常 D. 无安全环保意识			
5	综合素质考核	20 分	A. 积极参与小组工作，按时完成工作页，全勤 B. 能参与小组工作，完成工作页，出勤率 90%以上 C. 能参与小组工作，出勤率 80%以上 D. 未反映参与工作			
总分		100 分	得分			
根据学生实际情况，由培训师设定三个项目评分的权重，如 3∶3∶4				30%	30%	40%
加权后得分						
综合总分						

学生签字：_____　　　　培训师签字：_____
（日期）　　　　　　　　　　　　　　（日期）

四、项目学习总结

重点写出不足及今后工作的改进计划。

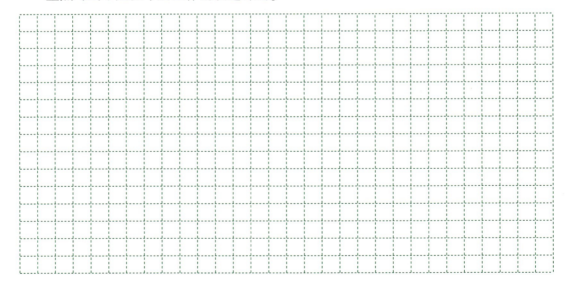

五、扩展与提高

有些车辆标配空气过滤指示器，它有什么作用？

六、相关理论知识

相关理论知识参见课程教材《汽车发动机构造与维修》《汽车结构认识》及相关维修手册。

任务二　节气门总成的检查与维护

一、任务描述

节气门总成按控制方式分为机械式和电子式，机械式节气门总成的结构如图 3-1-3 所示。发动机工作时间较长后，会在节气门附近形成油垢，使节气门卡死或怠速不稳，所以有必要对节气门总成进行检查，并做相应的清洁维护工作。

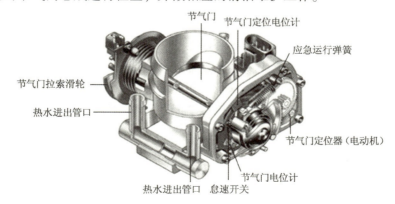

图 3-1-3　机械式节气门总成结构

本次任务：熟悉节气门总成的结构、功用、维护项目；学会规范拆装节气门总成；学会用正确方法完成节气门总成的清洁；学会对装复后的节气门数据进行复位；掌握安全作业注意事项。

二、任务提示

（一）工作方法

1. 根据任务描述，通过线上学习与讨论，了解节气门总成的结构、类型、功用和维护项目，初步制订节气门总成检查与维护的步骤，通过查询互联网、查阅图书馆资料等途径收集、分析有关信息。

2. 以小组讨论的形式完成工作计划。

3. 按照工作计划，完成小组成员分工。

4. 对于出现的问题，请先自行解决。如确实无法解决，再寻求帮助。

5. 与指导教师讨论，进行学习总结。

（二）工作内容

1. 工作过程按照"六步法"实施。

2. 认真回答引导问题，仔细填写相关表格。

3. 小组合作完成任务，对任务完成情况的评价应客观、全面。

4. 执行"5S"管理制度。

（三）知识储备

1. 汽车发动机的结构。

2. 空气供给系统的组成：由空气滤清器、空气流量传感器、进气压力传感器、进气软管、节气门、进气总管、进气歧管等组成。

3. 节气门体的功用：通过改变节气门开度的大小来改变进气通道的横截面积，从而改变发动机的进气量，控制发动机的运转工况。

4. 节气门体的安装位置：节气门体位于空气流量传感器之后的进气管上。

5. 机械式节气门总成的结构：主要由节气门和怠速控制装置组成，怠速控制装置主要由怠速电机、应急弹簧、节气门电位计、怠速节气门电位计和怠速开关等组成。

（四）注意事项与安全环保知识

1. 熟悉实训设备的使用方法。

2. 完成实训并经教师检查评估后，关闭气源和电源。

3. 请勿在没有确认车辆稳定之前进行操作。

4. 检查时注意安全，避免触及发动机皮带盘等旋转件。

5. 各类废弃物应按照垃圾分类要求投入相应垃圾桶。

6. 实训结束后，将工具设备归位，执行"5S"管理制度。

三、工作过程

（一）信息

1. 课前准备。

课前完成如下线上学习任务：

（1）从学习平台接受任务，通过查询互联网、查阅图书馆资料等途径收集有关信息，然后分组进行"5S"管理制度的阐述。

（2）在线讨论节气门总成检查与维护的步骤，组内进行成果分享、交流与讨论。

2. 任务引导。

（1）为何要进行节气门总成的检查与维护？

（2）节气门总成清洁的步骤及规范要求有哪些？在装复节气门总成后，如何进行发动机数据运行复位？

（二）计划

1. 根据小组成员情况进行分工（表3-1-8）。

表3-1-8　小组分工表

小组信息	班级名称			日期	
	小组名称			组长姓名	
	岗位分工	汇报员	观察员	记录员	技术员
	成员姓名				

说明：组长负责组织协调工作，汇报员负责分享信息并进行项目讲解，观察员负责计时和录像，记录员负责记录工作过程和填写表格，技术员负责项目的操作实施。

2. 实训器材。

小组成员共同讨论工作计划，列出本次操作所用到器材的名称和功能用途（表3-1-9）。

表3-1-9　器材选型表

序号	器材名称	功能用途	备注
1			
2			
3			
4			
5			
6			
7			
8			
9			
10			

（三）决策

1. 制订工作计划流程表。

制订节气门总成检查与维护的步骤。各小组制订工作计划流程表（表 3-1-10），并传送给指导教师。

表 3-1-10　工作计划流程表

序号	工作步骤	预期目标	备注
1			
2			
3			
4			
5			
6			
7			
8			
9			
10			

2. 方案展示。

已上传工作计划流程表的小组进行方案展示，其他小组对该方案提出意见和建议，完善方案。

（四）实施

1. 根据工作计划流程表，选用相应的设备、工具、仪器进行节气门总成的检查与维护（表 3-1-11）。

要求：小组分工明确，全员参与，操作规范、安全。

表 3-1-11　任务工作单

序号	作业内容	完成情况
1	安装车轮挡块	
2	安装车内防护套件	
3	拉起驻车制动，降下驾驶员侧车窗玻璃	
4	打开发动机舱盖	
5	安装车外防护套件	
6	进行车辆预检	
7	拔下节气门总成插头	
8	拆下进气总管	
9	拆下曲轴箱强制通风管	

续表

序号	作业内容	完成情况
10	拆下节气门总成上的冷却液水管	
11	拆卸节气门总成	
12	取下节气门衬垫，用布遮住进气口	
13	用化清剂清洁节气门总成并用压缩空气吹干	
14	用化清剂清洁节气门衬垫并用压缩空气吹干	
15	装复节气门衬垫	
16	装复节气门总成	
17	装复节气门总成外部接线及管路	
18	检查冷却液液位	
19	安放尾气收集管	
20	启动发动机并运行2~3 min	
21	连接解码仪，查看发动机系统是否正常	
22	车辆复位、清洁	
23	工具及场地执行"5S"管理制度	

2. 成果分享。

由其他小组对其操作过程进行分享及指正。针对问题，教师及时进行现场指导与分析，最终完善方案。

（五）检查

对照各组计划和实施情况，请各组交换检查并填写检查表（表3-1-12）。

表3-1-12 检查表

项目名称：				检查时间：
序号	检查点	检查标准	是否完成（Y/N）	未完成原因分析及措施
1				
2				
3				
4				
5				
6				
7				
8				
9				
10				

（六）评价

填写项目任务工作评价表（表3-1-13）。

表3-1-13　项目任务工作评价表

小组名			姓名		评价日期	
项目名称					评价时间	
否决项		违反设备操作规程与安全环保规范，造成设备损坏或人身事故，该项目0分				
	评价要素	配分	等级与评分细则 （等级系数：A=1，B=0.8，C=0.6，D=0.2，E=0）	自我评价	小组评价	教师评价
1	信息收集与工具选择	20分	A. 能正确查询资料 B. 能正确选择工具设备 C. 经提示后会查阅手册，有大缺陷 D. 未完成			
2	制订计划	20分	A. 能根据信息制订合理计划 B. 计划有小缺陷 C. 制订的计划基本可行 D. 制订了计划，有重大缺陷 E. 未完成			
3	工作任务实施与检查	30分	A. 严格按计划与规范实施计划，遇到问题能正确分析并解决，检查过程正常开展 B. 能认真实施计划，检查过程正常 C. 能实施保养与检查，工具设备有误操作 D. 未参与			
4	安全环保意识	10分	A. 能严格遵守安全规范，执行"5S"管理制度 B. 能遵守规范，有安全环保意识 C. 能遵守规范，实施过程安全正常 D. 无安全环保意识			
5	综合素质考核	20分	A. 积极参与小组工作，按时完成工作页，全勤 B. 能参与小组工作，完成工作页，出勤率90%以上 C. 能参与小组工作，出勤率80%以上 D. 未反映参与工作			
总分		100分		得分		
根据学生实际情况，由培训师设定三个项目评分的权重，如3：3：4				30%	30%	40%
			加权后得分			
			综合总分			

学生签字：_____　　　培训师签字：_____
（日期）　　　　　　　　　　　（日期）

四、项目学习总结

重点写出不足及今后工作的改进计划。

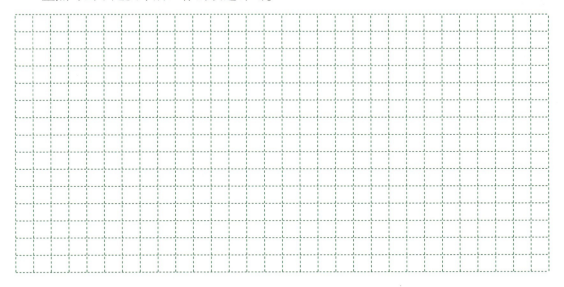

五、扩展与提高

了解电子节气门的类型及其优缺点。

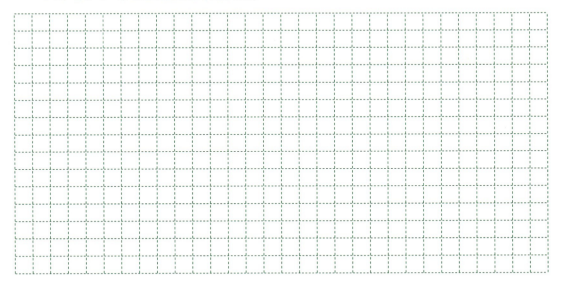

六、相关理论知识

相关理论知识参见课程教材《汽车发动机构造与维修》《汽车结构认识》及相关维修手册。

项目二 燃油系统的检查与维护

任务一 燃油滤清器的检查与更换

一、任务描述

燃油滤清器根据其安装位置的不同,分为内装式燃油滤清器(图 3-2-1)和外装式燃油滤清器(图 3-2-2)。

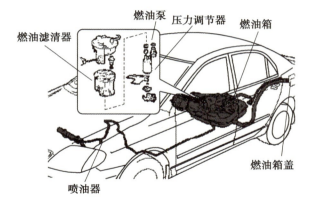

图 3-2-1 内装式燃油滤清器

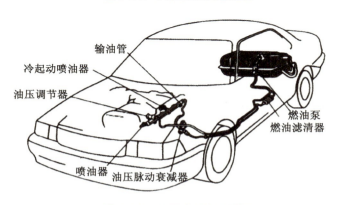

图 3-2-2 外装式燃油滤清器

燃油滤清器使用一段时间后,滤芯内部的污垢和水分会越积越多,其过滤能力随之下降,甚至堵塞,使燃油供应不畅,所以燃油滤清器必须定期检查、清洁或更换。

本次任务：熟悉燃油滤清器的结构、功用和类型；学会用正确方法完成燃油滤清器的检查与更换；掌握安全作业注意事项。

二、任务提示

（一）工作方法

1. 根据任务描述，通过线上学习与讨论，了解燃油滤清器的结构、功用和类型，初步制订燃油滤清器检查与更换的步骤，通过查询互联网、查阅图书馆资料等途径收集、分析有关信息。

2. 以小组讨论的形式完成工作计划。

3. 按照工作计划，完成小组成员分工。

4. 对于出现的问题，请先自行解决。如确实无法解决，再寻求帮助。

5. 与指导教师讨论，进行学习总结。

（二）工作内容

1. 工作过程按照"六步法"实施。

2. 认真回答引导问题，仔细填写相关表格。

3. 小组合作完成任务，对任务完成情况的评价应客观、全面。

4. 执行"5S"管理制度。

（三）知识储备

1. 汽车发动机的结构。

2. 燃油供给系统的组成：主要由燃油箱、电动燃油泵、燃油滤清器、燃油总管、燃油压力调节器、喷油器和进油回油管路等组成。

3. 燃油滤清器的作用：阻止燃油中的颗粒物、水及不洁物，防止燃油供给装置堵塞，减少机件磨损，保证发动机正常工作。

4. 燃油滤清器的组成：主要由外壳、滤芯、入口、出口等组成。

5. 燃油滤清器的更换：更换燃油滤清器时，应首先释放燃油系统压力，所用到的一次性零件，如卡箍、密封垫圈等应同时更换。安装燃油滤清器时，方向一定要安装正确。对于可拆解的燃油滤清器，如果滤芯不是纸质的，可以将滤芯清洁后重复使用。

（四）注意事项与安全环保知识

1. 熟悉实训设备的使用方法。

2. 完成实训并经教师检查评估后，关闭气源和电源。

3. 请勿在没有确认车辆稳定之前进行操作。

4. 检查时注意安全，避免触及发动机皮带盘等旋转件。

5. 作业时，避免皮肤外露，戴好手套，注意安全，防止烫伤。

6. 各类废弃物应按照垃圾分类要求投入相应垃圾桶。

7. 实训结束后，将工具设备归位，执行"5S"管理制度。

三、工作过程

（一）信息

1. 课前准备。

课前完成如下线上学习任务：

（1）从学习平台接受任务，通过查询互联网、查阅图书馆资料等途径收集有关信息，然后分组进行"5S"管理制度的阐述。

（2）在线讨论燃油滤清器检查与更换的步骤，组内进行成果分享、交流与讨论。

2. 任务引导。

（1）为何要进行燃油滤清器的检查与更换？更换周期是多久？

（2）在更换燃油滤清器前，如何对燃油滤清器进行泄压处理？燃油滤清器检查与更换的步骤和规范是怎样的？

（二）计划

1. 根据小组成员情况进行分工（表3-2-1）。

表3-2-1　小组分工表

小组信息	班级名称		日期	
	小组名称		组长姓名	
	岗位分工	汇报员	观察员	记录员	技术员
	成员姓名				

说明：组长负责组织协调工作，汇报员负责分享信息并进行项目讲解，观察员负责计时和录像，记录员负责记录工作过程和填写表格，技术员负责项目的操作实施。

2. 讨论工作计划。

小组成员共同讨论工作计划，列出不同车型燃油滤清器的类型、更换周期和注意事项（表3-2-2）。

表3-2-2　燃油滤清器类型表

序号	车型	燃油滤清器类型	更换周期	注意事项
1				
2				
3				

小组成员共同讨论工作计划，列出本次操作所用器材的名称和功能用途（表3-2-3）。

表 3-2-3　器材选型表

序号	器材名称	功能用途	备注
1			
2			
3			
4			
5			
6			
7			
8			
9			
10			

（三）决策

1. 制订工作计划流程表。

制订燃油滤清器检查与更换的步骤。各小组制订工作计划流程表（表 3-2-4），并传送给指导教师。

表 3-2-4　工作计划流程表

序号	工作步骤	预期目标	备注
1			
2			
3			
4			
5			
6			
7			
8			
9			
10			

2. 方案展示。

已上传工作计划流程表的小组进行方案展示，其他小组对该方案提出意见和建议，完善方案。

（四）实施

1. 根据工作计划流程表，选用相应的设备、工具、仪器进行燃油滤清器的检查与更换（表 3-2-5）。

要求：小组分工明确，全员参与，操作规范、安全。

表 3-2-5 任务工作单

序号	作业内容	完成情况
1	安装车轮挡块和排气烟道	
2	安装车内防护套件	
3	拉起驻车制动杆，降下驾驶员侧车窗玻璃	
4	打开发动机舱盖	
5	安装车外防护套件	
6	连接解码仪，指令燃油泵继电器断开	
7	安放尾气收集管	
8	启动发动机，让发动机怠速运行直至停止（20~30 s 后停止）	
9	关闭点火，连接解码仪，确认燃油压力很小或已释放	
10	断蓄电池负极电缆	
11	举升车辆	
12	快速移除燃油供油管	
13	取消燃油滤清器	
14	检查新的燃油滤清器	
15	安装新的燃油滤清器（方向不要弄错）	
16	快速安装燃油供油管	
17	启动发动机，检查管路	
18	车辆复位、清洁	
19	工具及场地执行"5S"管理制度	

2. 成果分享。

由其他小组对其操作过程进行分享及指正。针对问题，教师及时进行现场指导与分析，最终完善方案。

（五）检查

对照各组计划和实施情况，请各组交换检查并填写检查表（表 3-2-6）。

表 3-2-6 检查表

项目名称：			检查时间：	
序号	检查点	检查标准	是否完成（Y/N）	未完成原因分析及措施
1				
2				
3				
4				
5				
6				

续表

序号	检查点	检查标准	是否完成（Y/N）	未完成原因分析及措施
7				
8				
9				
10				

（六）评价

填写项目任务工作评价表（表3-2-7）。

表3-2-7 项目任务工作评价表

小组名			姓名		评价日期		
项目名称					评价时间		
否决项		违反设备操作规程与安全环保规范，造成设备损坏或人身事故，该项目0分					
评价要素		配分	等级与评分细则 （等级系数：A=1,B=0.8,C=0.6,D=0.2,E=0）		自我评价	小组评价	教师评价
1	信息收集与工具选择	20分	A. 能正确查询资料 B. 能正确选择工具设备 C. 经提示后会查阅手册，有大缺陷 D. 未完成				
2	制订计划	20分	A. 能根据信息制订合理计划 B. 计划有小缺陷 C. 制订的计划基本可行 D. 制订了计划，有重大缺陷 E. 未完成				
3	工作任务实施与检查	30分	A. 严格按计划与规范实施计划，遇到问题能正确分析并解决，检查过程正常开展 B. 能认真实施计划，检查过程正常 C. 能实施保养与检查，工具设备有误操作 D. 未参与				
4	安全环保意识	10分	A. 能严格遵守安全规范，执行"5S"管理制度 B. 能遵守规范，有安全环保意识 C. 能遵守规范，实施过程安全正常 D. 无安全环保意识				
5	综合素质考核	20分	A. 积极参与小组工作，按时完成工作页，全勤 B. 能参与小组工作，完成工作页，出勤率90%以上 C. 能参与小组工作，出勤率80%以上 D. 未反映参与工作				
总分		100分		得分			
根据学生实际情况，由培训师设定三个项目评分的权重，如3∶3∶4					30%	30%	40%
				加权后得分			
				综合总分			

学生签字：_____   培训师签字：_____

（日期）   （日期）

四、项目学习总结

重点写出不足及今后工作的改进计划。

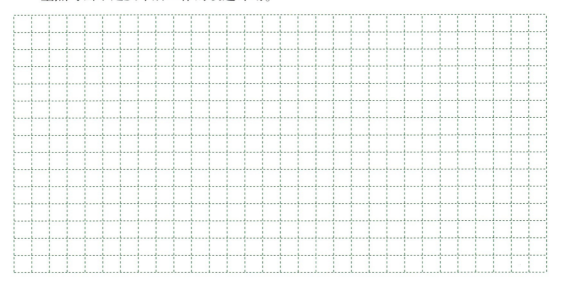

五、扩展与提高

尝试制订内装式燃油滤清器的更换步骤。

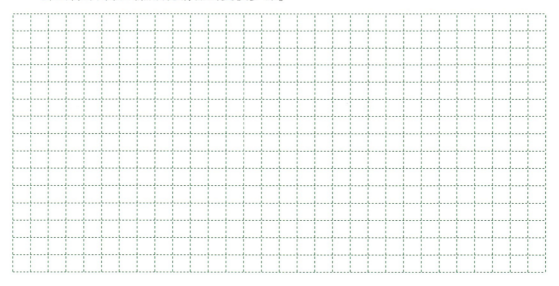

六、相关理论知识

相关理论知识参见课程教材《汽车发动机构造与维修》《汽车结构认识》及相关维修手册。

任务二 燃油管路的检查

一、任务描述

燃油管路的结构如图 3-2-3 所示。燃油管路主要用来输送燃油,并承受一定的压力。燃油管路在车身底部,容易受到异物撞击而变形,甚至渗漏,使燃油供应不畅,所以必须定期检查燃油管路。

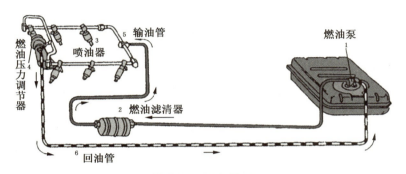

图 3-2-3 燃油管路

本次任务:熟悉燃油管路的结构、功用;学会用正确方法完成燃油管路外观检查;学会用正确方法完成燃油管路安装状况检查;掌握燃油管路检查的步骤和注意事项;掌握安全作业注意事项。

二、任务提示

（一）工作方法

1. 根据任务描述,通过线上学习与讨论,了解燃油管路的结构、功用,初步制订燃油管路检查的步骤,通过查询互联网、查阅图书馆资料等途径收集、分析有关信息。
2. 以小组讨论的形式完成工作计划。
3. 按照工作计划,完成小组成员分工。
4. 对于出现的问题,请先自行解决。如确实无法解决,再寻求帮助。
5. 与指导教师讨论,进行学习总结。

（二）工作内容

1. 工作过程按照"六步法"实施。
2. 认真回答引导问题,仔细填写相关表格。
3. 小组合作完成任务,对任务完成情况的评价应客观、全面。
4. 执行"5S"管理制度。

（三）知识储备

1. 汽车发动机的结构。
2. 燃油供给系统的组成:主要由燃油箱、电动燃油泵、燃油滤清器、燃油总管、燃油压力调节器、喷油器和进油回油管路等组成。

3. 燃油管路的功能：燃油管路主要用来输送燃油，并承受一定的压力。

（四）注意事项与安全环保知识

1. 熟悉实训设备的使用方法。
2. 完成实训并经教师检查评估后，关闭气源和电源。
3. 请勿在没有确认车辆稳定之前进行操作。
4. 作业时，避免皮肤外露，戴好手套，注意安全，防止烫伤。
5. 实训结束后，将工具设备归位，执行"5S"管理制度。

三、工作过程

（一）信息

1. 课前准备。

课前完成如下线上学习任务：

（1）从学习平台接受任务，通过查询互联网、查阅图书馆资料等途径收集有关信息，然后分组进行"5S"管理制度的阐述。

（2）在线讨论燃油管路检查的步骤，组内进行成果分享、交流与讨论。

2. 任务引导。

（1）燃油管路受损后对车辆有何影响？

（2）燃油管路的维护项目有哪些？燃油管路的检查步骤和规范是怎样的？

（二）计划

1. 根据小组成员情况进行分工（表3-2-8）。

表3-2-8 小组分工表

小组信息	班级名称		日期	
	小组名称		组长姓名	
	岗位分工	汇报员	观察员	记录员	技术员
	成员姓名				

说明：组长负责组织协调工作，汇报员负责分享信息并进行项目讲解，观察员负责计时和录像，记录员负责记录工作过程和填写表格，技术员负责项目的操作实施。

2. 实训器材。

小组成员共同讨论工作计划，列出本次操作所用器材的名称和功能用途（表3-2-9）。

表 3-2-9　器材选型表

序号	器材名称	功能用途	备注
1			
2			
3			
4			
5			
6			
7			
8			
9			
10			

（三）决策

1. 制订工作计划流程表。

制订燃油管路检查的步骤。各小组制订工作计划流程表（表 3-2-10），并传送给指导教师。

表 3-2-10　工作计划流程表

序号	工作步骤	预期目标	备注
1			
2			
3			
4			
5			
6			
7			
8			
9			
10			

2. 方案展示。

已上传工作计划流程表的小组进行方案展示，其他小组对该方案提出意见和建议，完善方案。

（四）实施

1. 根据工作计划流程表，选用相应的设备、工具、仪器进行燃油管路检查（表 3-2-11）。

要求：小组分工明确，全员参与，操作规范、安全。

表 3-2-11 工作任务单

序号	作业内容	完成情况
1	安装车轮挡块，安放尾气收集管	
2	安装车内防护套件	
3	拉起驻车制动，降下驾驶员侧车窗玻璃	
4	打开发动机舱盖	
5	安装车外防护套件	
6	检查发动机舱内的燃油管路有无渗漏、接头有无脱落（启动发动机）	
7	检查车辆底部的燃油管路是否凹陷、变形	
8	检查车辆底部的燃油管路有无渗漏	
9	车辆复位、清洁	
10	工具及场地执行"5S"管理制度	

2. 成果分享。

由其他小组对其操作过程进行分享及指正。针对问题，教师及时进行现场指导与分析，最终完善方案。

（五）检查

对照各组计划和实施情况，请各组交换检查并填写检查表（表 3-2-12）。

表 3-2-12 检查表

项目名称：			检查时间：	
序号	检查点	检查标准	是否完成（Y/N）	未完成原因分析及措施
1				
2				
3				
4				
5				
6				
7				
8				
9				
10				

（六）评价

填写项目任务工作评价表（表 3-2-13）。

表 3-2-13 项目任务工作评价表

小组名			姓名		评价日期	
项目名称					评价时间	
否决项	违反设备操作规程与安全环保规范，造成设备损坏或人身事故，该项目 0 分					
评价要素		配分	等级与评分细则 （等级系数：A＝1，B＝0.8，C＝0.6，D＝0.2，E＝0）	自我评价	小组评价	教师评价
1	信息收集与工具选择	20 分	A. 能正确查询资料 B. 能正确选择工具设备 C. 经提示后会查阅手册，有大缺陷 D. 未完成			
2	制订计划	20 分	A. 能根据信息制订合理计划 B. 计划有小缺陷 C. 制订的计划基本可行 D. 制订了计划，有重大缺陷 E. 未完成			
3	工作任务实施与检查	30 分	A. 严格按计划与规范实施计划，遇到问题能正确分析并解决，检查过程正常开展 B. 能认真实施计划，检查过程正常 C. 能实施保养与检查，工具设备有误操作 D. 未参与			
4	安全环保意识	10 分	A. 能严格遵守安全规范，执行"5S"管理制度 B. 能遵守规范，有安全环保意识 C. 能遵守规范，实施过程安全正常 D. 无安全环保意识			
5	综合素质考核	20 分	A. 积极参与小组工作，按时完成工作页，全勤 B. 能参与小组工作，完成工作页，出勤率 90%以上 C. 能参与小组工作，出勤率 80%以上 D. 未反映参与工作			
总分		100 分		得分		
根据学生实际情况，由培训师设定三个项目评分的权重，如 3∶3∶4				30%	30%	40%
			加权后得分			
			综合总分			

学生签字：_____　　　　培训师签字：_____

（日期）　　　　　　　　　　　　（日期）

四、项目学习总结

重点写出不足及今后工作的改进计划。

五、扩展与提高

我们经常看到维修工将燃油压力表（图 3-2-4）串联在进油管中进行检测，那么燃油压力表具体有哪些功能呢？

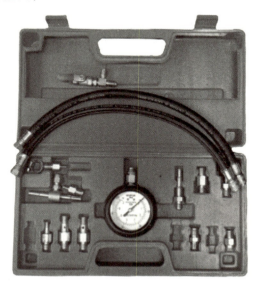

图 3-2-4　燃油压力表

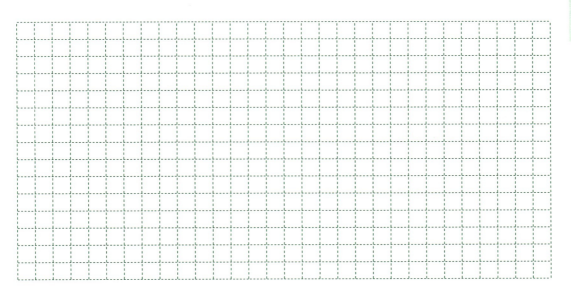

六、相关理论知识

相关理论知识参见课程教材《汽车发动机构造与维修》《汽车结构认识》及相关维修手册。

项目三　润滑系统的检查与维护

任务一　油底壳的检查

一、任务描述

油底壳主要用来储存发动机润滑油并封闭曲轴箱。发动机润滑系统的结构如图 3-3-1 所示。

油底壳破损后，发动机润滑油将泄漏，不仅污染环境，而且影响发动机的正常润滑，使零件磨损加剧。

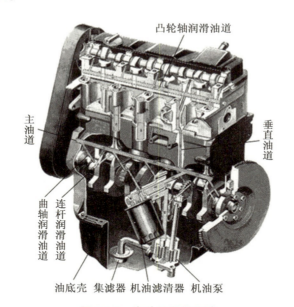

图 3-3-1　发动机润滑系统

本次任务：熟悉油底壳的结构、功用、重要性；学会用正确方法完成油底壳外观检查；学会用正确方法完成油底壳安装状况检查；掌握油底壳检查的步骤和注意事项；掌握安全作业注意事项。

二、任务提示

（一）工作方法

1. 根据任务描述，通过线上学习与讨论，了解油底壳的结构、功用、重要性，初步制订油底壳检查的步骤，通过查询互联网、查阅图书馆资料等途径收集、分析有关信息。
2. 以小组讨论的形式完成工作计划。
3. 按照工作计划，完成小组成员分工。
4. 对于出现的问题，请先自行解决。如确实无法解决，再寻求帮助。
5. 与指导教师讨论，进行学习总结。

（二）工作内容

1. 工作过程按照"六步法"实施。
2. 认真回答引导问题，仔细填写相关表格。
3. 小组合作完成任务，对任务完成情况的评价应客观、全面。
4. 执行"5S"管理制度。

（三）知识储备

1. 汽车发动机的结构。
2. 润滑系统的组成：主要由油底壳、机油泵、机油滤清器、限压阀、旁通阀、机油压力表、机油标尺和散热装置等组成。
3. 油底壳的结构：油底壳一般用钢板冲压成型，有的直接用铝合金浇铸成型。
4. 油底壳的维护项目：外观状况检查、安装状况检查。

（四）注意事项与安全环保知识

1. 熟悉实训设备的使用方法。
2. 完成实训并经教师检查评估后，关闭气源和电源。
3. 请勿在没有确认车辆稳定之前进行操作。
4. 作业时，避免皮肤外露，戴好手套，注意安全，防止烫伤。
5. 实训结束后，将工具设备归位，执行"5S"管理制度。

三、工作过程

（一）信息

1. 课前准备。

课前完成如下线上学习任务：

（1）从学习平台接受任务，通过查询互联网、查阅图书馆资料等途径收集信息，然后分组进行"5S"管理制度的阐述。

（2）在线讨论油底壳检查的步骤，组内进行成果分享、交流与讨论。

2. 任务引导。

（1）油底壳损坏对车辆有何影响？

(2) 油底壳维护项目有哪些？油底壳检查的步骤和规范是怎样的？

（二）计划

1. 根据小组成员情况进行分工（表3-3-1）。

表 3-3-1　小组分工表

小组信息	班级名称		日期	
	小组名称		组长姓名	
	岗位分工	汇报员	观察员	记录员	技术员
	成员姓名				

说明：组长负责组织协调工作，汇报员负责分享信息并进行项目讲解，观察员负责计时和录像，记录员负责记录工作过程和填写表格，技术员负责项目的操作实施。

2. 实训器材。

小组成员共同讨论工作计划，列出本次操作所用器材的名称和功能用途（表3-3-2）。

表 3-3-2　器材选型表

序号	器材名称	功能用途	备注
1			
2			
3			
4			
5			
6			
7			
8			
9			
10			

（三）决策

1. 制订工作计划流程表。

制订油底壳检查的步骤。各小组制订工作计划流程表（表3-3-3），并传送给指导教师。

表 3-3-3　工作计划流程表

序号	工作步骤	预期目标	备注
1			
2			
3			
4			
5			
6			
7			
8			
9			
10			

2. 方案展示。

已上传工作计划流程表的小组进行方案展示，其他小组对该方案提出意见和建议，完善方案。

（四）实施

1. 根据工作计划流程表，选用相应的设备、工具、仪器进行油底壳检查（表 3-3-4）。

要求：小组分工明确，全员参与，操作规范、安全。

表 3-3-4　任务工作单

序号	作业内容	完成情况
1	安装车轮挡块	
2	安装车内防护套件	
3	拉起驻车制动，降下驾驶员侧车窗玻璃	
4	打开发动机舱盖	
5	安装车外防护套件	
6	将车辆举升到适当高度	
7	检查油底壳是否有明显变形、裂纹和渗漏	
8	检查油底壳与汽缸体结合处有无渗漏	
9	检查曲轴箱油封有无渗漏	
10	检查机油排放塞有无渗漏	
11	检查机油滤清器有无渗漏	
12	车辆复位、清洁	
13	工具及场地执行"5S"管理制度	

2. 成果分享。

由其他小组对其操作过程进行分享及指正。针对问题，教师及时进行现场指导与分析，最终完善方案。

（五）检查

对照各组计划和实施情况，请各组交换检查并填写检查表（表 3-3-5）。

表 3-3-5 检查表

项目名称：				检查时间：
序号	检查点	检查标准	是否完成（Y/N）	未完成原因分析及措施
1				
2				
3				
4				
5				
6				
7				
8				
9				
10				

（六）评价

填写项目任务工作评价表（表 3-3-6）。

表 3-3-6 项目任务工作评价表

小组名		姓名		评价日期		
项目名称				评价时间		
否决项	违反设备操作规程与安全环保规范，造成设备损坏或人身事故，该项目 0 分					
评价要素	配分	等级与评分细则 （等级系数：A＝1，B＝0.8，C＝0.6，D＝0.2，E＝0）		自我评价	小组评价	教师评价
1 信息收集与工具选择	20 分	A. 能正确查询资料 B. 能正确选择工具设备 C. 经提示后会查阅手册，有大缺陷 D. 未完成				
2 制订计划	20 分	A. 能根据信息制订合理计划 B. 计划有小缺陷 C. 制订的计划基本可行 D. 制订了计划，有重大缺陷 E. 未完成				

续表

	评价要素	配分	等级与评分细则 (等级系数：A=1,B=0.8,C=0.6,D=0.2,E=0)	自我评价	小组评价	教师评价
3	工作任务实施与检查	30分	A. 严格按计划与规范实施计划，遇到问题能正确分析并解决，检查过程正常开展 B. 能认真实施计划，检查过程正常 C. 能实施保养与检查，工具设备有误操作 D. 未参与			
4	安全环保意识	10分	A. 能严格遵守安全规范，执行"5S"管理制度 B. 能遵守规范，有安全环保意识 C. 能遵守规范，实施过程安全正常 D. 无安全环保意识			
5	综合素质考核	20分	A. 积极参与小组工作，按时完成工作页，全勤 B. 能参与小组工作，完成工作页，出勤率90%以上 C. 能参与小组工作，出勤率80%以上 D. 未反映参与工作			
	总分	100分	得分			
	根据学生实际情况，由培训师设定三个项目评分的权重，如3∶3∶4			30%	30%	40%
			加权后得分			
			综合总分			

学生签字：_____　　　　　培训师签字：_____
（日期）　　　　　　　　　　　　　　（日期）

四、项目学习总结

重点写出不足及今后工作的改进计划。

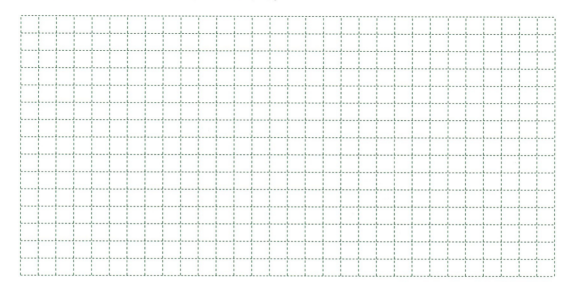

五、扩展与提高

最近发现自己家的汽车油耗特别大，若怀疑是油底壳漏油，怎样进行简单的判断？你可以分析现实中油底壳漏油的具体原因吗？

六、相关理论知识

相关理论知识参见课程教材《汽车发动机构造与维修》《汽车结构认识》及相关维修手册。

任务二　机油及机油滤清器的检查与更换

一、任务描述

机油，即发动机润滑油，被誉为汽车的"血液"，如图3-3-2所示。机油滤清器，又称"机油格"，如图3-3-3所示。

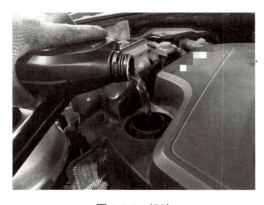

图3-3-2　机油

图3-3-3　机油滤清器

发动机机油使用后会变脏、变黑，如图 3-3-4 所示。机油性能降低，会造成发动机润滑不良，磨损加剧，动力性能下降，所以必须定期检查机油，及时更换。机油使用在正常情况下也会有轻微的损耗，而机油的液位必须在一个合理范围内，所以必须定期检查和补给机油。

本次任务：熟悉机油及机油滤清器的分类和功用；学会用正确方法检查机油及机油滤清器；学会用正确方法进行机油及机油滤清器的更换；掌握安全作业注意事项。

新的机油　　用过的机油

图 3-3-4　新旧机油对比

二、任务提示

（一）工作方法

1. 根据任务描述，通过线上学习与讨论，了解机油及机油滤清器的分类和功用，初步制订机油及机油滤清器检查与更换的步骤，通过查询互联网、查阅图书馆资料等途径收集、分析有关信息。

2. 以小组讨论的形式完成工作计划。

3. 按照工作计划，完成小组成员分工。

4. 对于出现的问题，请先自行解决。如确实无法解决，再寻求帮助。

5. 与指导教师讨论，进行学习总结。

（二）工作内容

1. 工作过程按照"六步法"实施。

2. 认真回答引导问题，仔细填写相关表格。

3. 小组合作完成任务，对任务完成情况的评价应客观、全面。

4. 执行"5S"管理制度。

（三）知识储备

1. 汽车发动机的结构。

2. 润滑系统的组成：主要由油底壳、机油泵、机油滤清器、限压阀、旁通阀、机油压力表、机油标尺和散热装置等组成。

3. 机油的功用：能对发动机起到润滑、清洁、冷却、密封、减磨、防锈、防蚀等作用。

4. 机油滤清器的功用：用于去除机油中的灰尘、金属颗粒、碳沉淀物和煤烟颗粒等杂质，保护发动机。

5. 机油的分类：有质量等级分类和黏度等级分类两种分类方法。必须按车辆发动机的工作条件来选择相应质量等级的机油；必须按车辆使用环境温度来选择相应黏度等级的机油。

6. 机油滤清器的分类：有全流式和分流式之分。

（四）注意事项与安全环保知识

1. 熟悉实训设备的使用方法。

2. 完成实训并经教师检查评估后，关闭气源和电源。

3. 请勿在没有确认车辆稳定之前进行操作。
4. 检查时注意安全,避免触及发动机皮带盘等旋转件。
5. 作业时,避免皮肤外露,戴好手套,注意安全,防止烫伤。
6. 各类废弃物应按照垃圾分类要求投入相应垃圾桶。
7. 实训结束后,将工具设备归位,执行"5S"管理制度。

三、工作过程

(一)信息

1. 课前准备。

课前完成如下线上学习任务:

(1)从学习平台接受任务,通过查询互联网、查阅图书馆资料等途径收集信息,然后分组进行"5S"管理制度的阐述。

(2)在线讨论机油及机油滤清器检查与更换的步骤,组内进行成果分享、交流与讨论。

2. 任务引导。

(1)为什么要定期更换机油和机油滤清器?更换周期一般是多久?

(2)机油及机油滤清器的检查内容有哪些?机油及机油滤清器的更换步骤和注意事项有哪些?

(二)计划

1. 根据小组成员情况进行分工(表 3-3-7)。

表 3-3-7 小组分工表

小组信息	班级名称			日期	
	小组名称			组长姓名	
	岗位分工	汇报员	观察员	记录员	技术员
	成员姓名				

说明:组长负责组织协调工作,汇报员负责分享信息并进行项目讲解,观察员负责计时和录像,记录员负责记录工作过程和填写表格,技术员负责项目的操作实施。

2. 实训器材。

小组成员共同讨论工作计划,列出本次操作所用器材的名称和功能用途(表 3-3-8)。

表 3-3-8　器材选型表

序号	器材名称	功能用途	备注
1			
2			
3			
4			
5			
6			
7			
8			
9			
10			

（三）决策

1. 制订工作计划流程表。

制订机油及机油滤清器检查与更换的步骤。各小组制订工作计划流程表（表 3-3-9），并传送给指导教师。

表 3-3-9　工作计划流程表

序号	工作步骤	预期目标	备注
1			
2			
3			
4			
5			
6			
7			
8			
9			
10			

2. 方案展示。

已上传工作计划流程表的小组进行方案展示，其他小组对该方案提出意见和建议，完善方案。

（四）实施

1. 根据工作计划流程表，选用相应的设备、工具、仪器进行机油及机油滤清器的检查与更换（表 3-3-10）。

要求：小组分工明确，全员参与，操作规范、安全。

表 3-3-10　任务工作单

序号	作业内容	完成情况
1	安装车轮挡块，安放尾气收集管	
2	安装车内防护套件	
3	拉起驻车制动杆，降下驾驶员侧车窗玻璃	
4	打开发动机舱盖	
5	安装车外防护套件	
6	检查机油液位	
7	拆下机油加注口盖	
8	准备机油回收桶	
9	排放机油	
10	更换机油滤清器	
11	更换放油螺栓垫片	
12	安装放油螺栓	
13	加注新机油	
14	复查机油液位（运行发动机后熄火）	
15	车辆复位、清洁	
16	工具及场地执行"5S"管理制度	

2. 成果分享。

由其他小组对其操作过程进行分享及指正。针对问题，教师及时进行现场指导与分析，最终完善方案。

（五）检查

对照各组计划和实施情况，请各组交换检查并填写检查表（表 3-3-11）。

表 3-3-11　检查表

项目名称：			检查时间：	
序号	检查点	检查标准	是否完成（Y/N）	未完成原因分析及措施
1				
2				
3				
4				
5				
6				
7				
8				
9				
10				

（六）评价

填写项目任务工作评价表（表 3-3-12）。

表 3-3-12　项目任务工作评价表

小组名			姓名		评价日期		
项目名称					评价时间		
否决项		违反设备操作规程与安全环保规范，造成设备损坏或人身事故，该项目 0 分					
评价要素		配分	等级与评分细则 （等级系数：A=1, B=0.8, C=0.6, D=0.2, E=0）		自我评价	小组评价	教师评价
1	信息收集与工具选择	20 分	A. 能正确查询资料 B. 能正确选择工具设备 C. 经提示后会查阅手册，有大缺陷 D. 未完成				
2	制订计划	20 分	A. 能根据信息制订合理计划 B. 计划有小缺陷 C. 制订的计划基本可行 D. 制订了计划，有重大缺陷 E. 未完成				
3	工作任务实施与检查	30 分	A. 严格按计划与规范实施计划，遇到问题能正确分析并解决，检查过程正常开展 B. 能认真实施计划，检查过程正常 C. 能实施保养与检查，工具设备有误操作 D. 未参与				
4	安全环保意识	10 分	A. 能严格遵守安全规范，执行"5S"管理制度 B. 能遵守规范，有安全环保意识 C. 能遵守规范，实施过程安全正常 D. 无安全环保意识				
5	综合素质考核	20 分	A. 积极参与小组工作，按时完成工作页，全勤 B. 能参与小组工作，完成工作页，出勤率 90% 以上 C. 能参与小组工作，出勤率 80% 以上 D. 未反映参与工作				
总分		100 分		得分			
根据学生实际情况，由培训师设定三个项目评分的权重，如 3∶3∶4					30%	30%	40%
				加权后得分			
				综合总分			

学生签字：＿＿＿＿＿＿＿＿　　　　培训师签字：＿＿＿＿＿＿＿

（日期）　　　　　　　　　　　　（日期）

四、项目学习总结

重点写出不足及今后工作的改进计划。

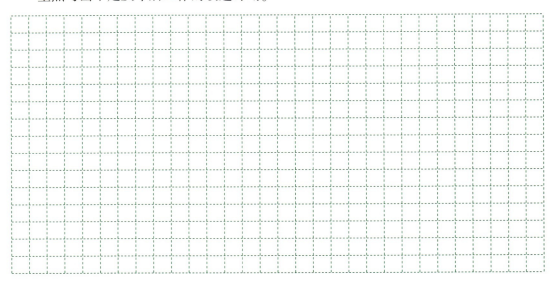

五、扩展与提高

机油在使用过程中质量不断变化,性能逐渐变差,机油质量恶化的原因有哪些?

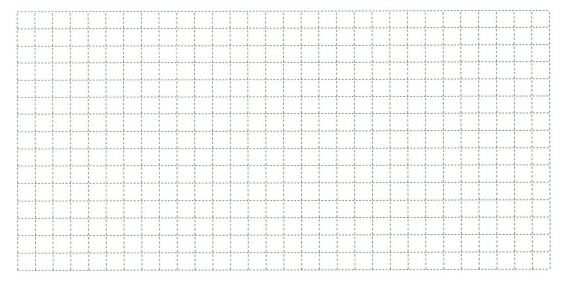

六、相关理论知识

相关理论知识参见课程教材《汽车发动机构造与维修》《汽车结构认识》及相关维修手册。

项目四 点火系统的检查与维护

任务一 蓄电池的检查与维护

一、任务描述

蓄电池是一种储存与释放电能的装置,如图 3-4-1 所示。当连接外部负载或接通充电电路时,蓄电池便进行能量转换,即放电和充电。汽车蓄电池的电量不足将导致车辆无法正常启动;蓄电池失效后将无法储存电能;蓄电池损坏后,电解液可能发生泄漏,腐蚀车身及各部件。

本次任务:熟悉蓄电池的结构、作用;了解蓄电池的工作原理;学会用正确方法检查和维护蓄电池;学会规范拆卸和安装蓄电池;学会正确测量蓄电池的放电电压、开路电压;学会正确检查蓄电池电解液的密度、外观及极柱状况;掌握安全作业注意事项。

图 3-4-1 蓄电池

二、任务提示

(一)工作方法

1. 根据任务描述,通过线上学习与讨论,熟悉蓄电池的作用、结构,明确蓄电池检查与维护的方法,初步制订蓄电池检查与维护的步骤,通过查询互联网、查阅图书馆资料等途径收集、分析有关信息。

2. 以小组讨论的形式完成工作计划。

3. 按照工作计划,完成小组成员分工。

4. 对于出现的问题,请先自行解决。如确实无法解决,再寻求帮助。

5. 与指导教师讨论,进行学习总结。

(二)工作内容

1. 工作过程按照"六步法"实施。

2. 认真回答引导问题,仔细填写相关表格。

3. 小组合作完成任务,对任务完成情况的评价应客观、全面。

4. 执行"5S"管理制度。

（三）知识储备

1. 汽车发动机的结构。

2. 汽车点火系统的组成：由电源、点火开关、点火线圈、分电器、点火控制器及火花塞组成。

3. 蓄电池的作用：启动发动机时，蓄电池能为启动系统提供强大的启动电流，并向其他相关用电设备供电；当发电机电压高于蓄电池电压时，发电机向蓄电池充电，此时蓄电池将电能转换成化学能储存起来；当发电机电压低于蓄电池电压时，蓄电池向用电设备供电，并为发电机磁场线圈供电；当用电设备较多时，蓄电池协助发电机向用电设备供电；蓄电池可以稳定汽车电气系统的电压，保护汽车的电子设备。

4. 蓄电池的结构：由极板、隔板、外壳、电解液等组成。

5. 蓄电池常见故障：极板硫化、活性物质脱落、极板短路、自放电。

6. 蓄电池的拆装要求：先拆下蓄电池的负极电缆，再拆下蓄电池的正极电缆；先连接蓄电池的正极电缆，然后连接蓄电池的负极电缆。

（四）注意事项与安全环保知识

1. 熟悉实训设备的使用方法。

2. 完成实训并经教师检查评估后，关闭气源、电源。

3. 请勿在没有确认车辆稳定之前进行操作。

4. 各类废弃物应按照垃圾分类要求投入相应垃圾桶。

5. 实训结束后，将工具设备归位，执行"5S"管理制度。

三、工作过程

（一）信息

1. 课前准备。

课前完成如下线上学习任务：

（1）从学习平台接受任务，通过查询互联网、查阅图书馆资料等途径收集有关信息，然后分组进行"5S"管理制度的阐述。

（2）在线讨论蓄电池检查与维护的步骤，组内进行成果分享、交流与讨论。

2. 任务引导。

（1）蓄电池的作用是什么？为什么要定期维护？

（2）如何正确拆卸和安装蓄电池？蓄电池检查与维护的步骤是怎样的？

（二）计划

1. 根据小组成员情况进行分工（表3-4-1）。

表 3-4-1　小组分工表

小组信息	班级名称			日期	
	小组名称			组长姓名	
	岗位分工	汇报员	观察员	记录员	技术员
	成员姓名				

说明：组长负责组织协调工作，汇报员负责分享信息并进行项目讲解，观察员负责计时和录像，记录员负责记录工作过程和填写表格，技术员负责项目的操作实施。

2. 实训器材。

小组成员共同讨论工作计划，列出本次操作所用器材的名称和功能用途（表 3-4-2）。

表 3-4-2　器材选型表

序号	器材名称	功能用途	备注
1			
2			
3			
4			
5			
6			
7			
8			
9			
10			

（三）决策

1. 制订工作计划流程表。

制订蓄电池检查与维护的步骤。各小组制订工作计划流程表（表 3-4-3），并传送给指导教师。

表 3-4-3　工作计划流程表

序号	工作步骤	预期目标	备注
1			
2			
3			
4			
5			

续表

序号	工作步骤	预期目标	备注
6			
7			
8			
9			
10			

2. 方案展示。

已上传工作计划流程表的小组进行方案展示，其他小组对该方案提出意见和建议，完善方案。

（四）实施

1. 根据工作计划流程表，选用相应的设备、工具、仪器进行蓄电池的检查与维护（表3-4-4）。

要求：小组分工明确，全员参与，操作规范、安全。

表3-4-4　任务工作单

序号	作业内容	完成情况
1	安装车轮挡块	
2	安装车内防护套件	
3	拉起驻车制动杆，降下驾驶员侧车窗玻璃	
4	打开发动机舱盖	
5	安装车外防护套件	
6	拆卸蓄电池	
7	检查蓄电池外壳是否有损坏、渗漏	
8	检查蓄电池接线柱是否有腐蚀	
9	检查电解液液位是否正常	
10	用万用表测量蓄电池的开路电压	
11	用高频放电计检查蓄电池端电压	
12	检查蓄电池的电解液密度	
13	安装（更换）蓄电池	
14	车辆复位、清洁	
15	工具及场地执行"5S"管理制度	

2. 成果分享。

由其他小组对其操作过程进行分享及指正。针对问题，教师及时进行现场指导与分析，最终完善方案。

（五）检查

对照各组计划和实施情况，请各组交换检查并填写检查表（表 3-4-5）。

表 3-4-5 检查表

项目名称：				检查时间：
序号	检查点	检查标准	是否完成（Y/N）	未完成原因分析及措施
1				
2				
3				
4				
5				
6				
7				
8				
9				
10				

（六）评价

填写项目任务工作评价表（表 3-4-6）。

表 3-4-6 项目任务工作评价表

小组名			姓名		评价日期	
项目名称					评价时间	
否决项		违反设备操作规程与安全环保规范，造成设备损坏或人身事故，该项目 0 分				
评价要素		配分	等级与评分细则 （等级系数：A = 1，B = 0.8，C = 0.6，D = 0.2，E = 0）	自我评价	小组评价	教师评价
1	信息收集与工具选择	20 分	A. 能正确查询资料 B. 能正确选择工具设备 C. 经提示后会查阅手册，有大缺陷 D. 未完成			
2	制订计划	20 分	A. 能根据信息制订合理计划 B. 计划有小缺陷 C. 制订的计划基本可行 D. 制订了计划，有重大缺陷 E. 未完成			
3	工作任务实施与检查	30 分	A. 严格按计划与规范实施计划，遇到问题能正确分析并解决，检查过程正常开展 B. 能认真实施计划，检查过程正常 C. 能实施保养与检查，工具设备有误操作 D. 未参与			

续表

评价要素		配分	等级与评分细则 （等级系数：A＝1，B＝0.8，C＝0.6，D＝0.2，E＝0）	自我 评价	小组 评价	教师 评价
4	安全环保意识	10分	A. 能严格遵守安全规范，执行"5S"管理制度 B. 能遵守规范，有安全环保意识 C. 能遵守规范，实施过程安全正常 D. 无安全环保意识			
5	综合素质考核	20分	A. 积极参与小组工作，按时完成工作页，全勤 B. 能参与小组工作，完成工作页，出勤率90%以上 C. 能参与小组工作，出勤率80%以上 D. 未反映参与工作			
总分		100分	得分			
根据学生实际情况，由培训师设定三个项目评分的权重，如3∶3∶4				30%	30%	40%
加权后得分						
综合总分						

学生签字：_____　　　培训师签字：_____
（日期）　　　　　　　　　　　　　　（日期）

四、项目学习总结

重点写出不足及今后工作的改进计划。

五、扩展与提高

请通过课外学习，指出蓄电池参数指标"6-QW-60（550）12V60AH"的含义。

六、相关理论知识

相关理论知识参见课程教材《汽车发动机构造与维修》《汽车结构认识》及相关维修手册。

任务二　火花塞的检查与维护

一、任务描述

火花塞结构如图 3-4-2 所示。弯曲的侧电极焊接在钢制壳体的底端，使其直接搭铁；绝缘体由高氧化铝陶瓷制成；中心电极装在绝缘体的中心孔内，通过接线端与高压导线连接。

1. 接线螺母
2. 高氧化铝陶瓷绝缘体
3. 钢质壳体（六角形）
4. 火花塞裙部螺纹
5. 内垫圈（密封导热）
6. 去干扰电阻
7. 密封垫圈
8. 中心电极导电杆
9. 电极间隙
10. 中心电极和侧电极

图 3-4-2　火花塞结构

如果火花塞电极有积碳或被烧蚀，电极间的高压电火花将变弱，发动机燃油的经济性将变差，输出动力下降。如果火花塞不能点火，发动机将无法正常工作。

本次任务：熟悉火花塞的结构、作用；学会用正确方法检查和维护火花塞，检查火花塞的间隙、电极和外观情况；学会规范拆卸和更换火花塞；掌握安全作业注意事项。

二、任务提示

（一）工作方法

1. 根据任务描述，通过线上学习与讨论，了解火花塞的作用、结构，明确火花塞检查的方法，初步制订火花塞检查与维护的步骤，通过查询互联网、查阅图书馆资料等途径收集、分析有关信息。

2. 以小组讨论的形式完成工作计划。

3. 按照工作计划，完成小组成员分工。

4. 对于出现的问题，请先自行解决。如确实无法解决，再寻求帮助。

5. 与指导教师讨论，进行学习总结。

（二）工作内容

1. 工作过程按照"六步法"实施。

2. 认真回答引导问题，仔细填写相关表格。

3. 小组合作完成任务，对任务完成情况的评价应客观、全面。

4. 执行"5S"管理制度。

（三）知识储备

1. 汽车发动机的结构。

2. 点火系统的组成：由电源、点火开关、点火线圈、分电器、点火控制器及火花塞组成。

3. 点火系统的工作原理。

4. 点火系统火花塞缺火典型故障的原因：点火线圈、点火控制器、高压线、火花塞和传感器等发生故障。

5. 火花塞的作用：将点火线圈或磁电机产生的脉冲高压电引入燃烧室，并在两个电极间产生电火花，从而点燃汽缸内的高压可燃混合气，使发动机正常工作。

6. 火花塞检查的项目：火花塞间隙检查、火花塞电极情况检查、火花塞外部情况检查。

（四）注意事项与安全环保知识

1. 熟悉实训设备的使用方法。

2. 完成实训并经教师检查评估后，关闭气源和电源。

3. 请勿在没有确认车辆稳定之前进行操作。

4. 检查时注意安全，避免触及发动机皮带盘等旋转件。

5. 作业时，避免皮肤外露，戴好手套，注意安全，防止烫伤。

6. 各类废弃物应按照垃圾分类要求投入相应垃圾桶。

7. 实训结束后，将工具设备归位，执行"5S"管理制度。

三、工作过程

（一）信息

1. 课前准备。

课前完成如下线上学习任务：

（1）从学习平台接受任务，通过查询互联网、查阅图书馆资料等途径收集有关信息，然后分组进行"5S"管理制度的阐述。

（2）在线讨论火花塞检查与维护的步骤，组内进行成果分享、交流与讨论。

2. 任务引导。

（1）点火系统的组成是怎样的？火花塞缺火的故障原因有哪些？

（2）火花塞出现故障应该怎么办？火花塞检查与维护的方法是怎样的？

（二）计划

1. 根据小组成员情况进行分工（表3-4-7）。

表3-4-7 小组分工表

小组信息	班级名称			日期	
	小组名称			组长姓名	
	岗位分工	汇报员	观察员	记录员	技术员
	成员姓名				

说明：组长负责组织协调工作，汇报员负责分享信息并进行项目讲解，观察员负责计时和录像，记录员负责记录工作过程和填写表格，技术员负责项目的操作实施。

2. 实训器材。

小组成员共同讨论工作计划，列出本次操作所用器材的名称和功能用途（表3-4-8）。

表3-4-8 器材选型表

序号	器材名称	功能用途	备注
1			
2			
3			
4			
5			

续表

序号	器材名称	功能用途	备注
6			
7			
8			
9			
10			

（三）决策

1. 制订工作计划流程表。

制订火花塞检查与维护的步骤。各小组制订工作计划流程表（表3-4-9），并传送给指导教师。

表 3-4-9　工作计划流程表

序号	工作步骤	预期目标	备注
1			
2			
3			
4			
5			
6			
7			
8			
9			
10			

2. 方案展示。

已上传工作计划流程表的小组进行方案展示，其他小组对该方案提出意见和建议，完善方案。

（四）实施

1. 根据工作计划流程表，选用相应的设备、工具、仪器进行火花塞的检查与维护（表3-4-10）。

要求：小组分工明确，全员参与，操作规范、安全。

表 3-4-10　任务工作单

序号	作业内容	完成情况
1	安装车轮挡块	
2	安装车内防护套件	
3	拉起驻车制动杆，降下驾驶员侧车窗玻璃	
4	打开发动机舱盖	
5	安装车外防护套件	
6	拆卸点火线圈	
7	拆卸火花塞	
8	检查火花塞电极是否有烧蚀、积碳和油污	
9	检查火花塞外观是否损坏	
10	检查火花塞间隙是否正常	
11	装复（更换）火花塞	
12	车辆复位、清洁	
13	工具及场地执行"5S"管理制度	

2. 成果分享。

由其他小组对其操作过程进行分享及指正。针对问题，教师及时进行现场指导与分析，最终完善方案。

（五）检查

对照各组计划和实施情况，请各组交换检查并填写检查表（表 3-4-11）。

表 3-4-11　检查表

项目名称：			检查时间：	
序号	检查点	检查标准	是否完成（Y/N）	未完成原因分析及措施
1				
2				
3				
4				
5				
6				
7				
8				
9				
10				

（六）评价

填写项目任务工作评价表（表3-4-12）。

表 3-4-12　项目任务工作评价表

小组名			姓名		评价日期	
项目名称					评价时间	
否决项		违反设备操作规程与安全环保规范，造成设备损坏或人身事故，该项目0分				
评价要素		配分	等级与评分细则 （等级系数：A＝1，B＝0.8，C＝0.6，D＝0.2，E＝0）	自我评价	小组评价	教师评价
1	信息收集与工具选择	20分	A. 能正确查询资料 B. 能正确选择工具设备 C. 经提示后会查阅手册，有大缺陷 D. 未完成			
2	制订计划	20分	A. 能根据信息制订合理计划 B. 计划有小缺陷 C. 制订的计划基本可行 D. 制订了计划，有重大缺陷 E. 未完成			
3	工作任务实施与检查	30分	A. 严格按计划与规范实施计划，遇到问题能正确分析并解决，检查过程正常开展 B. 能认真实施计划，检查过程正常 C. 能实施保养与检查，工具设备有误操作 D. 未参与			
4	安全环保意识	10分	A. 能严格遵守安全规范，执行"5S"管理制度 B. 能遵守规范，有安全环保意识 C. 能遵守规范，实施过程安全正常 D. 无安全环保意识			
5	综合素质考核	20分	A. 积极参与小组工作，按时完成工作页，全勤 B. 能参与小组工作，完成工作页，出勤率90%以上 C. 能参与小组工作，出勤率80%以上 D. 未反映参与工作			
总分		100分		得分		
根据学生实际情况，由培训师设定三个项目评分的权重，如3∶3∶4				30%	30%	40%
			加权后得分			
			综合总分			

学生签字：_____　　　　培训师签字：_____
（日期）　　　　　　　　　　　（日期）

四、项目学习总结

重点写出不足及今后工作的改进计划。

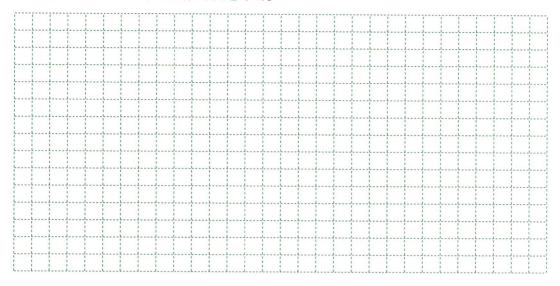

五、扩展与提高

1. 火花塞的类型有哪些？各有何特点？
2. 火花塞的工作条件及要求是怎样的？

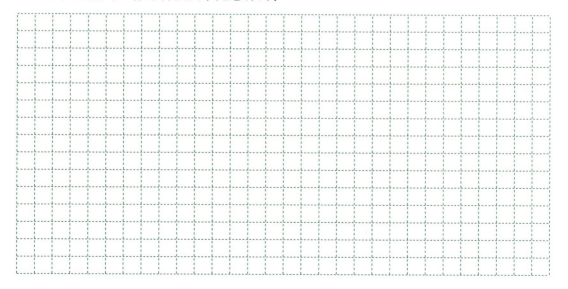

六、相关理论知识

相关理论知识参见课程教材《汽车发动机构造与维修》《汽车结构认识》及相关维修手册。

项目五 冷却系统的检查与维护

任务 冷却液及管路的检查与维护

一、任务描述

冷却系统如图 3-5-1 所示,其作用是使发动机的温度在所有工况下都保持在适当范围内。冷却系统不仅要防止发动机过热,在冬季还要防止发动机过冷。

冷却液是汽车发动机不可缺少的一部分。它在发动机冷却系统中循环流动,将发动机工作中产生的多余热能带走,使发动机能在正常工作温度下运转。

冷却液管路为冷却液提供循环流动的通道,从而保证冷却系统正常工作。

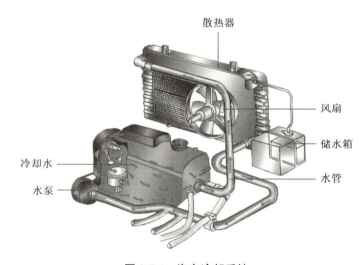

图 3-5-1 汽车冷却系统

本次任务:熟悉冷却系统的组成、冷却液的作用和类型,以及冷却管路的重要性;学会用正确方法进行冷却液及管路的检查与维护;学会用正确方法进行冷却液冰点的检测;学会用正确方法检查冷却液液位、检查冷却水管外观和连接情况;学会规范更换冷却液;掌握安全作业注意事项。

二、任务提示

(一)工作方法

1. 根据任务描述,通过线上学习与讨论,了解冷却系统的组成、冷却液的作用和类型以及冷却管路的重要性,明确冷却液及管路检查的方法,初步制订冷却液及管路检查与维护的步骤,通过查询互联网、查阅图书馆资料等途径收集、分析有关信息。

2. 以小组讨论的形式完成工作计划。

3. 按照工作计划，完成小组成员分工。
4. 对于出现的问题，请先自行解决。如确实无法解决，再寻求帮助。
5. 与指导教师讨论，进行学习总结。

（二）工作内容

1. 工作过程按照"六步法"实施。
2. 认真回答引导问题，仔细填写相关表格。
3. 小组合作完成任务，对任务完成情况的评价应客观、全面。
4. 执行"5S"管理制度。

（三）知识储备

1. 汽车发动机的结构。
2. 冷却系统的组成：发动机冷却系统主要由散热器、水泵、副水箱、水管等组成。
3. 冷却液的类型：发动机的冷却液中应加入防冻剂制成防冻液。现在广泛使用长效防冻液，它是由乙二醇与水混合而成，其最佳混合比为1∶1。有些车辆使用自身品牌的专用防冻液。
4. 冷却液的作用：冷却液在发动机冷却系统中循环流动，将发动机工作中产生的多余热能带走，使发动机能以正常工作温度运转。冷却液中一般加有防冻剂，主要能降低冰点，并有防腐、防沸、防垢等作用。
5. 冷却水管的重要性：橡胶软管在使用中会老化、开裂，如发生冷却液泄漏，冷却液将减少，发动机的散热效果将变差，从而导致水温升高，发动机过热。
6. 冷却液更换的要求：当防冻冷却液失效或过期时，必须更换发动机冷却液。更换冷却液时要注意保护环境，不能随意排放，应将其收集并当作工业废水处理。当排出的冷却液较脏时，应清洁发动机冷却水道。更换冷却液后，必须启动发动机，预热至电子风扇高速旋转，熄火后应再次检查冷却液液位是否正常。

（四）注意事项与安全环保知识

1. 熟悉实训设备的使用方法。
2. 完成实训并经教师检查评估后，关闭气源和电源。
3. 请勿在没有确认车辆稳定之前进行操作。
4. 检查时注意安全，避免触及发动机皮带盘等旋转件。
5. 作业时，避免皮肤外露，戴好手套，注意安全，防止烫伤。
6. 各类废弃物应按照垃圾分类要求投入相应垃圾桶。
7. 实训结束后，将工具设备归位，执行"5S"管理制度。

三、工作过程

（一）信息

1. 课前准备。

课前完成如下线上学习任务：

（1）从学习平台接受任务，通过查询互联网、查阅图书馆资料等途径收集有关信息，然后分组进行"5S"管理制度的阐述。

（2）在线讨论冷却液及管路检查与维护的步骤，组内进行成果分享、交流与讨论。

2. 任务引导。

(1) 冷却液是否需要定期更换？一般更换周期是多久？

(2) 冷却液及管路检查与维护的步骤是怎样的？

(二) 计划

1. 根据小组成员情况进行分工（表3-5-1）。

表3-5-1 小组分工表

小组信息	班级名称			日期	
	小组名称			组长姓名	
	岗位分工	汇报员	观察员	记录员	技术员
	成员姓名				

说明：组长负责组织协调工作，汇报员负责分享信息并进行项目讲解，观察员负责计时和录像，记录员负责记录工作过程和填写表格，技术员负责项目的操作实施。

2. 实训器材。

小组成员共同讨论工作计划，列出本次操作所用器材的名称和功能用途（表3-5-2）。

表3-5-2 器材选型表

序号	器材名称	功能用途	备注
1			
2			
3			
4			
5			
6			
7			
8			
9			
10			

(三) 决策

1. 制订工作计划流程表。

制订冷却液及管路检查与维护的步骤。各小组制订工作计划流程表（表3-5-3），并传送给指导教师。

表 3-5-3　工作计划流程表

序号	工作步骤	预期目标	备注
1			
2			
3			
4			
5			
6			
7			
8			
9			
10			

2. 方案展示。

已上传工作计划流程表的小组进行方案展示，其他小组对该方案提出意见和建议，完善方案。

（四）实施

1. 根据工作计划流程表，选用相应的设备、工具、仪器进行冷却液及管路的检查与维护（表 3-5-4）。

要求：小组分工明确，全员参与，操作规范、安全。

表 3-5-4　任务工作单

序号	作业内容	完成情况
1	安装车轮挡块，安放尾气收集管	
2	安装车内防护套件	
3	拉起驻车制动杆，降下驾驶员侧车窗玻璃	
4	打开发动机舱盖	
5	安装车外防护套件	
6	检查冷却液液位是否正常	
7	冰点检测仪校零	
8	测量冷却液冰点	
9	启动发动机，并进行暖机	
10	检查发动机舱内冷却管路	
11	发动机熄火，取下排气烟道	
12	检查车辆底部冷却管路	
13	拧开水箱盖，打开水箱放水阀（水管），放出防冻液	
14	防冻液放尽后，关上放水阀（水管）	
15	在水箱加注口处加注防冻液至正常液位高度	

续表

序号	作业内容	完成情况
16	水箱盖打开，起动发动机，怠速运转 2~3 min，排放系统内空气	
17	加注冷却液至正常液位高度	
18	车辆复位、清洁	
19	工具及场地执行"5S"管理制度	

2. 成果分享。

由其他小组对其操作过程进行分享及指正。针对问题，教师及时进行现场指导与分析，最终完善方案。

（五）检查

对照各组计划和实施情况，请各组交换检查并填写检查表（表 3-5-5）。

表 3-5-5　检查表

项目名称：				检查时间：	
序号	检查点	检查标准	是否完成（Y/N）	未完成原因分析及措施	
1					
2					
3					
4					
5					
6					
7					
8					
9					
10					

（六）评价

填写项目任务工作评价表（表 3-5-6）。

表 3-5-6　项目任务工作评价表

小组名		姓名		评价日期		
项目名称				评价时间		
否决项		违反设备操作规程与安全环保规范，造成设备损坏或人身事故，该项目 0 分				
评价要素	配分	等级与评分细则 （等级系数：A=1, B=0.8, C=0.6, D=0.2, E=0）		自我评价	小组评价	教师评价
1	信息收集与工具选择	20 分	A. 能正确查询资料 B. 能正确选择工具设备 C. 经提示后会查阅手册，有大缺陷 D. 未完成			

续表

评价要素		配分	等级与评分细则 (等级系数:A=1,B=0.8,C=0.6,D=0.2,E=0)	自我评价	小组评价	教师评价
2	制订计划	20分	A. 能根据信息制订合理计划 B. 计划有小缺陷 C. 制订的计划基本可行 D. 制订了计划,有重大缺陷 E. 未完成			
3	工作任务实施与检查	30分	A. 严格按计划与规范实施计划,遇到问题能正确分析并解决,检查过程正常开展 B. 能认真实施计划,检查过程正常 C. 能实施保养与检查,工具设备有误操作 D. 未参与			
4	安全环保意识	10分	A. 能严格遵守安全规范,执行"5S"管理制度 B. 能遵守规范,有安全环保意识 C. 能遵守规范,实施过程安全正常 D. 无安全环保意识			
5	综合素质考核	20分	A. 积极参与小组工作,按时完成工作页,全勤 B. 能参与小组工作,完成工作页,出勤率90%以上 C. 能参与小组工作,出勤率80%以上 D. 未反映参与工作			
总分		100分	得分			
根据学生实际情况,由培训师设定三个项目评分的权重,如3:3:4				30%	30%	40%
			加权后得分			
			综合总分			

学生签字:_____　　　培训师签字:_____

(日期)　　　　　　　　　　　　(日期)

四、项目学习总结

重点写出不足及今后工作的改进计划。

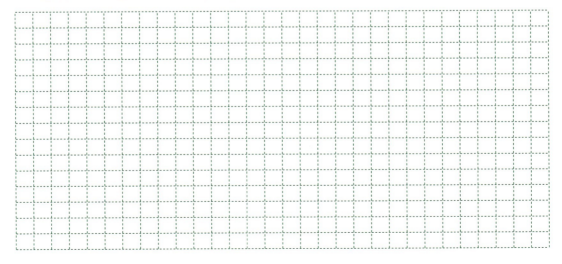

五、扩展与提高

1. 冷却液温度过高的故障原因有哪些？
2. 冷却液温度过低的故障原因有哪些？

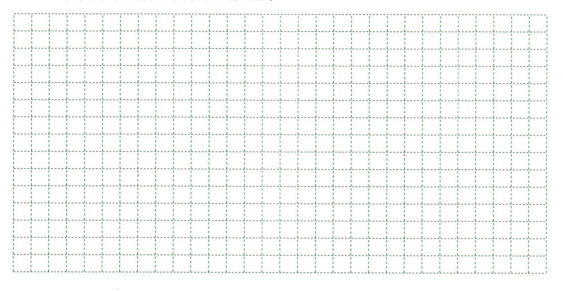

六、相关理论知识

相关理论知识参见课程教材《汽车发动机构造与维修》《汽车结构认识》及相关维修手册。

项目六 配气系统的检查与维护

任务 传动皮带的检查与维护

一、任务描述

发动机正时皮带一般为橡胶齿形带，但也有的车辆用正时链条，如图 3-6-1 所示。

如果正时皮带损坏，气门开或关的正时不再同步进行，发动机将无法正常工作，有可能造成气门被顶弯，导致发动机需要大修；如果传动皮带损坏，将使交流发电机停止运行，蓄电池电能衰竭，发动机熄火，水泵停止运行，会导致发动机过热等故障。

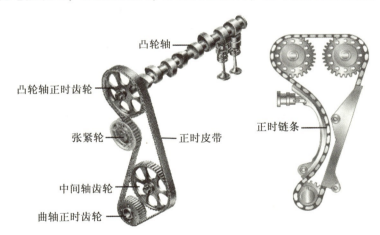

图 3-6-1 发动机正时皮带、正时链条

本次任务：熟悉传动皮带的特点、失效形式、张紧装置；学会用正确方法进行传动皮带的检查与维护；学会用正确方法检查传动皮带的外观；学会用正确的方法检查传动皮带的张紧力；掌握安全作业注意事项。

二、任务提示

（一）工作方法

1. 根据任务描述，通过线上学习与讨论，了解传动皮带的特点、失效形式、张紧装置，明确传动皮带检查的方法，初步制订传动皮带检查与维护的步骤，通过查询互联网、查阅图书馆资料等途径收集、分析有关信息。

2. 以小组讨论的形式完成工作计划。
3. 按照工作计划，完成小组成员分工。
4. 对于出现的问题，请先自行解决。如确实无法解决，再寻求帮助。
5. 与指导教师讨论，进行学习总结。

（二）工作内容

1. 工作过程按照"六步法"实施。
2. 认真回答引导问题，仔细填写相关表格。
3. 小组合作完成任务，对任务完成情况的评价应客观、全面。
4. 执行"5S"管理制度。

（三）知识储备

1. 汽车发动机结构。
2. 传动皮带的作用：驱动发动机其他附件，如交流发电机、空调压缩机、水泵等。
3. 传动皮带的失效形式：长时期工作，传动皮带在交变应力的反复作用下会产生脱层、撕裂，最后导致疲劳断裂，从而使传动失效。传动皮带传动工作的主要失效形式有：传动带在带轮上打滑，传动带磨损和疲劳断裂。
4. 传动皮带张紧装置：传动皮带安装在带轮上应具有一定的张紧力，以保证传动带的正常工作。但工作一段时间后，传动带由于塑性变形会出现松弛现象，其初拉力逐渐减小，承载能力也逐渐降低。为了控制传动带的初拉力，保证传动带的工作能力，必须采用适当的张紧装置。
5. 传动皮带张紧力检查：用手指压传动皮带以检查皮带变形情况；用皮带张紧计检查皮带变形情况。

（四）注意事项与安全环保知识

1. 熟悉实训设备的使用方法。
2. 完成实训并经教师检查评估后，关闭气源和电源。
3. 请勿在没有确认车辆稳定之前进行操作。
4. 作业时，避免皮肤外露，戴好手套，注意安全，防止烫伤。
5. 实训结束后，将工具设备归位，执行"5S"管理制度。

三、工作过程

（一）信息

1. 课前准备。

课前完成如下线上学习任务：

（1）从学习平台接受任务，通过查询互联网、查阅图书馆资料等途径收集有关信息，然后分组进行"5S"管理制度的阐述。

（2）在线讨论传动皮带检查与维护的步骤，组内进行成果分享、交流与讨论。

2. 任务引导。

（1）传动皮带的特点有哪些？传动皮带常见的失效形式有哪些？

(2) 传动皮带检查与维护的步骤是怎样的？

（二）计划

1. 根据小组成员情况进行分工（表3-6-1）。

表3-6-1 小组分工表

小组信息	班级名称		日期	
	小组名称		组长姓名	
	岗位分工	汇报员	观察员	记录员	技术员
	成员姓名				

说明：组长负责组织协调工作，汇报员负责分享信息并进行项目讲解，观察员负责计时和录像，记录员负责记录工作过程和填写表格，技术员负责项目的操作实施。

2. 实训器材。

小组成员共同讨论工作计划，列出本次操作所用器材的名称和功能用途（表3-6-2）。

表3-6-2 器材选型表

序号	器材名称	功能用途	备注
1			
2			
3			
4			
5			
6			
7			
8			
9			
10			

（三）决策

1. 制订工作计划流程表。

制订传动皮带检查与维护的步骤。各小组制订工作计划流程表（表3-6-3），并传送给指导教师。

表 3-6-3　工作计划流程表

序号	工作步骤	预期目标	备注
1			
2			
3			
4			
5			
6			
7			
8			
9			
10			

2. 方案展示。

已上传工作计划流程表的小组进行方案展示，其他小组对该方案提出意见和建议，完善方案。

（四）实施

1. 根据工作计划流程表，选用相应的设备、工具、仪器进行传动皮带的检查与维护（表 3-6-4）。

要求：小组分工明确，全员参与，操作规范、安全。

表 3-6-4　任务工作单

序号	作业内容	完成情况
1	安装车轮挡块	
2	安装车内防护套件	
3	拉起驻车制动杆，降下驾驶员侧车窗玻璃	
4	打开发动机舱盖	
5	安装车外防护套件	
6	检查传动皮带是否正确安装在皮带轮槽内	
7	检查传动皮带是否有磨损、裂纹、层离、老化等现象	
8	检查传动皮带张力值（张力值偏低可适当调节或更换传动皮带）	
9	车辆复位、清洁	
10	工具及场地执行"5S"管理制度	

2. 成果分享。

由其他小组对其操作过程进行分享及指正。针对问题，教师及时进行现场指导与分析，最终完善方案。

（五）检查

对照各组计划和实施情况，请各组交换检查并填写检查表（表 3-6-5）。

表 3-6-5 检查表

项目名称：			检查时间：	
序号	检查点	检查标准	是否完成（Y/N）	未完成原因分析及措施
1				
2				
3				
4				
5				
6				
7				
8				
9				
10				

（六）评价

填写项目任务工作评价表（表 3-6-6）。

表 3-6-6 项目任务工作评价表

小组名			姓名		评价日期	
项目名称					评价时间	
否决项		违反设备操作规程与安全环保规范，造成设备损坏或人身事故，该项目 0 分				
	评价要素	配分	等级与评分细则 （等级系数：A=1, B=0.8, C=0.6, D=0.2, E=0）	自我评价	小组评价	教师评价
1	信息收集与工具选择	20 分	A. 能正确查询资料 B. 能正确选择工具设备 C. 经提示后会查阅手册，有大缺陷 D. 未完成			
2	制订计划	20 分	A. 能根据信息制订合理计划 B. 计划有小缺陷 C. 制订的计划基本可行 D. 制订了计划，有重大缺陷 E. 未完成			
3	工作任务实施与检查	30 分	A. 严格按计划与规范实施计划，遇到问题能正确分析并解决，检查过程正常开展 B. 能认真实施计划，检查过程正常 C. 能实施保养与检查，工具设备有误操作 D. 未参与			

续表

评价要素	配分	等级与评分细则 （等级系数：A＝1，B＝0.8，C＝0.6，D＝0.2，E＝0）	自我评价	小组评价	教师评价
4 安全环保意识	10分	A. 能严格遵守安全规范，执行"5S"管理制度 B. 能遵守规范，有安全环保意识 C. 能遵守规范，实施过程安全正常 D. 无安全环保意识			
5 综合素质考核	20分	A. 积极参与小组工作，按时完成工作页，全勤 B. 能参与小组工作，完成工作页，出勤率90%以上 C. 能参与小组工作，出勤率80%以上 D. 未反映参与工作			
总分	100分	得分			
根据学生实际情况，由培训师设定三个项目评分的权重，如3∶3∶4			30%	30%	40%
加权后得分					
综合总分					

学生签字：_____　　　　　培训师签字：_____
（日期）　　　　　　　　　　　　（日期）

四、项目学习总结

重点写出不足及今后工作的改进计划。

五、扩展与提高

装有皮带自动张紧器的传动皮带，需要检查和调整张紧度吗？为什么？

六、相关理论知识

相关理论知识参见课程教材《汽车发动机构造与维修》《汽车结构认识》及相关维修手册。

思政案例

工匠精神——树匠心，育匠人

有一颗精益求精的匠心，是对工作最好的尊重。通过弘扬践行工匠精神，各行各业技艺超群的匠人们在日复一日的坚守中，对每一项日常工作都以精品的标准来要求，用最朴实的行动诠释了爱岗敬业的精髓。

江苏省张家港市电焊工泮延镇从18岁成为一名学徒工以来，扎根企业一线，苦求技艺，先后通过考试取得国标、欧标、美标的焊工资格证书，成长为电焊技术骨干。技术过硬了，泮延镇开始向高水平同行取经，通过比赛磨炼技术。他先后获得张家港市"行行出状元"技能大赛一等奖、苏州市技能状元大赛一等奖等奖项，被评为"苏州时代工匠""江苏省企业首席技师""全国青年岗位能手""全国劳动模范"。

拥有多项荣誉的泮延镇始终没有忘记专精技术的匠心和初心，他积极发扬"传帮带"精神，成立"泮延镇焊接技能大师工作室"，将关键技术倾囊相授，培养了一大批屡获嘉奖的焊接技术人才。他以坚守奉献的工匠精神感染着广大职工，不断凝聚起牢记使命、砥砺前行的奋进力量。

2020年2月，受新冠疫情影响，公司大批技术人员不能到岗，而公司承接的唯美德智利MAPA项目正处于货物交付的关键时期，泮延镇毅然挑起重任，带领临时组成的攻坚组不分昼夜地工作，保质保量地完成了15 000只角焊缝的焊接，确保了货物的按期交付。泮延镇用他的担当，避免了公司因违约而产生的巨额赔偿，同时也向世界传递了中国企业平稳前行的积极信号。

劳动创造梦想，奋斗成就使命。泮延镇在平凡的岗位上兢兢业业、务实进取，将"守初心""担使命"落实到实际行动中，以勇气与魄力谱写了一曲属于他的青春篇章。

新时代的我们要用工匠精神对待现在的学习，用专心致志替代三心二意，用精益求精破除一知半解，用改革创新破除顽固守旧，用敬业奉献替代得过且过。让我们从实际出发，从小事做起，从现在做起，养成习惯，今后走上工作岗位，能用工匠精神认真对待自己的工作与生活，让工匠精神得到切实有效的传承。

模块四

底盘部分的维护

项目一 制动系统的检查与维护

任务一 行车制动操作机构的检查与维护

一、任务描述

本次任务：了解汽车行车制动系统的结构及功用；学会正确检查行车制动踏板的工作状态；学会正确检查行车制动的工作性能（图 4-1-1、图 4-1-2）。

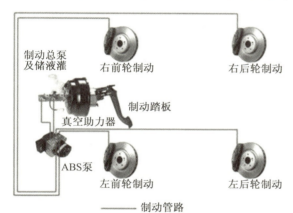

图 4-1-1 行车制动系统的组成

图 4-1-2 行车制动踏板

在本次工作任务中，我们将学习检查制动踏板的工作状态，判断有无异常噪声和松旷；学习测量制动踏板的高度，判断其是否符合标准规定；学习测量制动踏板自由行程，判断其是否符合标准规定；学习测量制动踏板行程余量，判断其是否符合标准规定；学习检查真空助力器的工作状况和真空功能，判断其气密性是否良好。

二、任务提示

（一）工作方法

1. 根据任务描述，通过线上学习与讨论，了解行车制动操作机构的结构与工作原理，通过查询互联网、查阅图书馆资料等途径收集、分析有关信息。
2. 以小组讨论的形式完成工作计划。
3. 按照工作计划，完成小组成员分工。
4. 对于出现的问题，请先自行解决。如确实无法解决，再寻求帮助。

5. 与指导教师讨论，进行学习总结。

（二）工作内容

1. 工作过程按照"六步法"实施。

2. 认真回答引导问题，仔细填写相关表格。

3. 小组合作完成任务，对任务完成情况的评价应客观、全面。

4. 执行实训室"5S"管理制度。

（三）知识储备

1. 行车制动系统的组成：行车制动系统是车辆底盘的重要组成部分，其作用是控制车辆速度或实现停车，直接影响车辆的行驶安全。其主要构成有操纵机构、真空助力器、制动总泵、制动分泵、制动液及管路等。

2. 行车制动操纵机构的功用：用于接受外力（驾驶员踩踏）驱动，由真空助力器辅助外力施加，制动总泵将行车制动操纵机构的力转变为制动液压力，再通过制动管路传递到行车制动各个分泵，最终实现车轮制动。

3. 行车制动操纵机构是驾驶员实施制动和制动分泵响应制动的关键部分，其主要构成有制动踏板和真空助力器。经过一段时间的使用，行车制动操纵机构的制动性能可能会下降，从而影响行车安全。为了保证行车安全，必须定期对其进行检查与维护。保证正确的制动踏板工作参数及真空助力器的工作状况，有助于获得合适的制动力，并保证未踩下制动踏板时没有制动拖滞。

（四）注意事项与安全环保知识

1. 熟悉实训设备的使用方法。

2. 完成实训并经教师检查评估后，关闭电源和气源，拆下管线。

3. 请勿在没有确认安全之前拆卸气动执行元件。

4. 任务结束后，将元器件归位，执行实训室"5S"管理制度。

三、工作过程

（一）信息

1. 课前准备。

课前完成如下线上学习任务：

（1）从学习平台接受任务，通过查询互联网、查阅图书馆资料等途径收集、分析有关信息，然后分组了解行车制动操作机构的结构与工作原理（以实训用车为例）。

（2）在线讨论，在组内进行成果分享、交流。

2. 任务引导。

（1）为何要进行行车制动操作机构的维护？维护周期是多久？

（2）制动总泵、制动分泵、真空助力器的工作原理是什么？

(二) 计划

1. 根据小组成员情况进行分工（表 4-1-1）。

表 4-1-1　小组分工表

小组信息	班级名称			日期	
	小组名称			组长姓名	
	岗位分工	汇报员	观察员	记录员	技术员
	成员姓名				

说明：组长负责组织协调工作，汇报员负责分享信息并进行项目讲解，观察员负责计时和录像，记录员负责记录工作过程和填写表格，技术员负责项目的操作实施。

2. 讨论工作计划。

小组成员共同讨论工作计划，找出实训用车行车制动操作机构的实际位置，分析其操作过程路线，填写表格（表 4-1-2）。

表 4-1-2　行车制动操作机构认知表

序号	机构名称	上一级动力源或机构	位置	功能作用
1				
2				
3				
4				
5				
6				
7				
8				
9				
10				

小组成员共同讨论工作计划，列出本次任务中所用器材的名称和功能用途（表 4-1-3）。

表 4-1-3　器材选型表

序号	器材名称	功能用途	备注
1			
2			
3			
4			
5			
6			
7			
8			
9			
10			

（三）决策

1. 制订工作计划流程表。

各小组制订本次任务的工作计划流程表（表 4-1-4），并通过网络传送给指导教师。

表 4-1-4　工作计划流程表

序号	工作步骤	预期目标	备注
1			
2			
3			
4			
5			
6			
7			
8			
9			
10			

2. 方案展示。

已上传工作计划流程表的小组进行方案展示，其他小组对该方案提出意见和建议，完善方案。

（四）实施

1. 根据工作计划流程表，选用相应的设备、工具、仪器，进行行车制动操作机构的维护（表 4-1-5）。

要求：小组分工明确，全员参与，操作规范、安全。

表 4-1-5　任务工作单

序号	作业内容	完成情况
1	安装车轮挡块	
2	安装车内防护套件	
3	拉起驻车制动，降下驾驶员侧车窗玻璃	
4	打开发动机舱盖	
5	安装车外防护套件	
6	进行车辆预检	
7	检查制动器踏板应用状况（完全踩下）	
8	检查制动器踏板应用状况（响应性）	
9	检查制动器踏板应用状况（过度松动）	
10	检查制动器踏板应用状况（异常噪音）	

续表

序号	作业内容	完成情况
11	测量制动踏板高度	
12	测量制动器踏板自由行程	
13	测量制动器踏板行程余量	
14	检查制动助力器工作情况	
15	检查制动助力器气密性	
16	检查制动助力器真空功能	
17	车辆复位、清洁	
18	工具及场地执行"5S"管理制度	

2. 成果分享。

由其他小组对其操作过程进行分享及解答。针对问题，教师及时进行现场指导与分析。

（五）检查

对照各组计划和实施情况，请各组交换检查并填写检查表（表4-1-6）。

表 4-1-6　检查表

项目名称：			检查时间：	
序号	检查点	检查标准	是否完成（Y/N）	未完成原因分析及措施
1				
2				
3				
4				
5				
6				
7				
8				
9				
10				
11				
12				
13				
14				
15				

（六）评价

填写项目任务工作评价表（表 4-1-7）。

表 4-1-7　项目任务工作评价表

小组名			姓名		评价日期		
项目名称					评价时间		
否决项			违反设备操作规程与安全环保规范，造成设备损坏或人身事故，该项目 0 分				
	评价要素	配分	等级与评分细则 （等级系数：A＝1，B＝0.8，C＝0.6，D＝0.2，E＝0）		自我评价	小组评价	教师评价
1	信息收集与工具选择	20 分	A. 能正确查询资料 B. 能正确选择工具设备 C. 经提示后会查阅手册，有大缺陷 D. 未完成				
2	制订计划	20 分	A. 能根据信息制订合理计划 B. 计划有小缺陷 C. 制订的计划基本可行 D. 制订了计划，有重大缺陷 E. 未完成				
3	工作任务实施与检查	30 分	A. 严格按计划与规范实施计划，遇到问题能正确分析并解决，检查过程正常开展 B. 能认真实施计划，检查过程正常 C. 能实施保养与检查，工具设备有误操作 D. 未参与				
4	安全环保意识	10 分	A. 能严格遵守安全规范，执行"5S"管理制度 B. 能遵守规范，有安全环保意识 C. 能遵守规范，实施过程安全正常 D. 无安全环保意识				
5	综合素质考核	20 分	A. 积极参与小组工作，按时完成工作页，全勤 B. 能参与小组工作，完成工作页，出勤率 90% 以上 C. 能参与小组工作，出勤率 80% 以上 D. 未反映参与工作				
总分		100 分			得分		
根据学生实际情况，由培训师设定三个项目评分的权重，如 3∶3∶4					30%	30%	40%
				加权后得分			
				综合总分			

学生签字：＿＿＿＿＿＿＿＿＿　　　　培训师签字：＿＿＿＿＿＿＿＿＿
（日期）　　　　　　　　　　　　　（日期）

四、项目学习总结

重点写出不足及今后工作的改进计划。

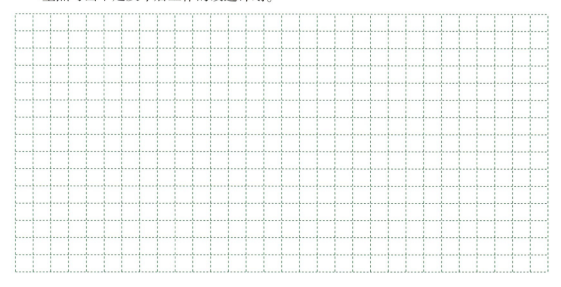

五、扩展与提高

在进行制动系统真空功能检查时，当释放踏板时，由于弹簧压缩量大，回位弹力会大于真空吸力，所以实际情况下踏板高度是会发生轻微变化的。此时应如何调整制动踏板的高度？（参照相关维修手册）

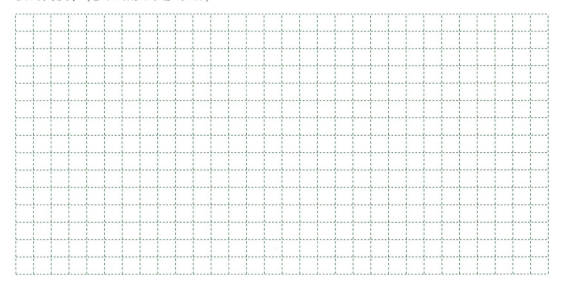

六、相关理论知识

相关理论知识参见课程教材《汽车底盘构造与维修》《汽车维护》，以及相关汽车维修手册。

任务二　驻车制动操作机构的检查与维护

一、任务描述

本次任务：了解汽车驻车制动系统的结构及功用；学会正确检查驻车制动操纵杆行程；学会正确检查驻车制动指示灯的工作情况（图4-1-3、图4-1-4）。

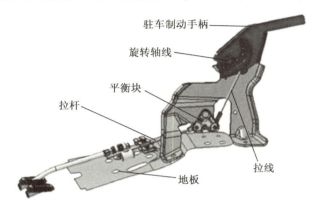

图 4-1-3　机械驻车制动系统

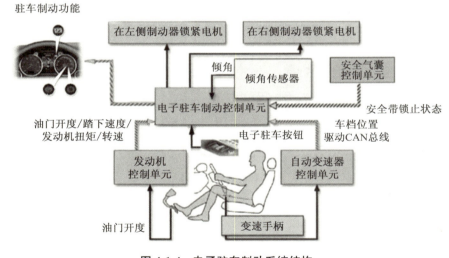

图 4-1-4　电子驻车制动系统结构

在本次工作任务中，我们将学习检查驻车制动操纵杆行程、检查驻车制动指示灯工作情况等知识。

二、任务提示

（一）工作方法

1. 根据任务描述，通过线上学习与讨论，了解驻车制动操作机构的结构与工作原理，通过查询互联网、查阅图书馆资料等途径收集、分析有关信息。

2. 以小组讨论的形式完成工作计划。
3. 按照工作计划，完成小组成员分工。
4. 对于出现的问题，请先自行解决。如确实无法解决，再寻求帮助。
5. 与指导教师讨论，进行学习总结。

（二）工作内容
1. 工作过程按照"六步法"实施。
2. 认真回答引导问题，仔细填写相关表格。
3. 小组合作完成任务，对任务完成情况的评价应客观、全面。
4. 执行实训室"5S"管理制度。

（三）知识储备
1. 驻车制动系统的作用与组成：驻车制动系统是车辆制动系统的重要组成部分，其作用是在车辆停放时对后轮进行机械锁定，防止车辆在无人及停驻状态时发生溜车。其主要构成有驻车制动器操纵机构、驻车制动缆线及驻车制动器。
2. 驻车制动操纵杆的功用：用于接受外力驱动，并通过驻车制动缆线将拉力传递到驻车制动器，最终实施驻车制动。
3. 驻车制动操作机构维护的重要性：当驻车制动杆行程太长时，有可能发生制动打滑，导致车辆停驻溜车；当驻车制动杆行程太短时，有可能发生制动拖滞。

（四）注意事项与安全环保知识
1. 熟悉实训设备的使用方法。
2. 完成实训并经教师检查评估后，关闭电源和气源，拆下管线。
3. 请勿在没有确认安全之前拆卸气动执行元件。
4. 任务结束后，将元器件归位，执行实训室"5S"管理制度。

三、工作过程

（一）信息
1. 课前准备。
课前完成如下线上学习任务：
（1）从学习平台接受任务，通过查询互联网、查阅图书馆资料等途径收集、分析有关信息，然后分组了解机械驻车制动操作机构和电子驻车制动操作机构的结构与工作原理（以实训用车为例）。
（2）在线讨论，在组内进行成果分享、交流。
2. 任务引导。
（1）为何要进行驻车制动操作机构的维护？维护周期是多久？

（2）机械及电子驻车系统的工作原理是怎样的？

(3) 驻车制动指示灯不亮的原因有哪些?

(二) 计划

1. 根据小组成员情况进行分工 (表 4-1-8)。

表 4-1-8　小组分工表

小组信息	班级名称			日期	
	小组名称			组长姓名	
	岗位分工	汇报员	观察员	记录员	技术员
	成员姓名				

说明：组长负责组织协调工作，汇报员负责分享信息并进行项目讲解，观察员负责计时和录像，记录员负责记录工作过程和填写表格，技术员负责项目的操作实施。

2. 讨论工作计划。

小组成员共同讨论工作计划，找出实训用车驻车制动操作机构的实际位置，分析该机构工作过程路线，填写表格 (表 4-1-9)。

表 4-1-9　驻车制动操作机构认知表

序号	机构名称	上一级动力源或机构	位置	功能作用
1				
2				
3				
4				
5				
6				
7				
8				
9				
10				

小组成员共同讨论工作计划，列出本次任务中所用器材的名称、功能用途 (表 4-1-10)。

表 4-1-10　器材选型表

序号	器材名称	功能用途	备注
1			
2			
3			
4			
5			
6			
7			
8			
9			
10			

（三）决策

1. 制订工作计划流程表。

各小组制订本次任务的工作计划流程表（表 4-1-11），并通过网络传送给指导教师。

表 4-1-11　工作计划流程表

序号	工作步骤	预期目标	备注
1			
2			
3			
4			
5			
6			
7			
8			
9			
10			

2. 方案展示。

已上传工作计划流程表的小组进行方案展示，其他小组对该方案提出意见和建议，完善方案。

（四）实施

1. 根据工作计划流程表，选用相应的设备、工具、仪器，进行驻车制动操作机构的维护（表 4-1-12）。

要求：小组分工明确，全员参与，操作规范、安全。

表 4-1-12　任务工作单

序号	作业内容	完成情况
1	安装车轮挡块	
2	安装车内防护套件	
3	拉起驻车制动，降下驾驶员侧车窗玻璃	
4	打开发动机舱盖	
5	安装车外防护套件	
6	进行车辆预检	
7	检查驻车制动杆行程	
8	检查驻车制动器指示灯点亮	
9	车辆复位、清洁	
10	工具及场地执行"5S"管理制度	

2. 成果分享。

由其他小组对其操作过程进行分享及解答。针对问题，教师及时进行现场指导与分析。

（五）检查

对照各组计划和实施情况，请各组交换检查并填写检查表（表 4-1-13）。

表 4-1-13　检查表

项目名称：			检查时间：	
序号	检查点	检查标准	是否完成（Y/N）	未完成原因分析及措施
1				
2				
3				
4				
5				
6				
7				
8				
9				
10				
11				
12				
13				
14				
15				

（六）评价

填写项目任务工作评价表（表 4-1-14）。

表 4-1-14　项目任务工作评价表

小组名		姓名		评价日期		
项目名称				评价时间		
否决项	违反设备操作规程与安全环保规范，造成设备损坏或人身事故，该项目 0 分					
评价要素	配分	等级与评分细则 （等级系数：A＝1，B＝0.8，C＝0.6，D＝0.2，E＝0）		自我评价	小组评价	教师评价
1 信息收集与工具选择	20 分	A. 能正确查询资料 B. 能正确选择工具设备 C. 经提示后会查阅手册，有大缺陷 D. 未完成				
2 制订计划	20 分	A. 能根据信息制订合理计划 B. 计划有小缺陷 C. 制订的计划基本可行 D. 制订了计划，有重大缺陷 E. 未完成				
3 工作任务实施与检查	30 分	A. 严格按计划与规范实施计划，遇到问题能正确分析并解决，检查过程正常开展 B. 能认真实施计划，检查过程正常 C. 能实施保养与检查，工具设备有误操作 D. 未参与				
4 安全环保意识	10 分	A. 能严格遵守安全规范，执行"5S"管理制度 B. 能遵守规范，有安全环保意识 C. 能遵守规范，实施过程安全正常 D. 无安全环保意识				
5 综合素质考核	20 分	A. 积极参与小组工作，按时完成工作页，全勤 B. 能参与小组工作，完成工作页，出勤率 90% 以上 C. 能参与小组工作，出勤率 80% 以上 D. 未反映参与工作				
总分	100 分		得分			
根据学生实际情况，由培训师设定三个项目评分的权重，如 3∶3∶4				30%	30%	40%
			加权后得分			
			综合总分			

学生签字：_____　　　　培训师签字：_____

（日期）　　　　　　　　　　　　　（日期）

四、项目学习总结

重点写出不足及今后工作的改进计划。

五、扩展与提高

如何进行驻车制动杆行程的调整？（参照相关维修手册）

六、相关理论知识

相关理论知识参见课程教材《汽车底盘构造与维修》《汽车维护》，以及相关汽车维修手册。

任务三　盘式制动器的检查与维护

一、任务描述

本次任务：了解盘式制动装置的结构和功用；学会正确维护盘式制动器；学会正确检查盘式制动器各主要部件（图 4-1-5）。

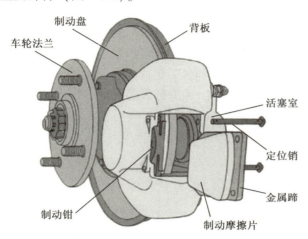

图 4-1-5　盘式制动器主要部件

在本次工作任务中，我们将学习维护盘式制动器的正确方法，学习检查盘式制动器各主要部件的正确方法。

二、任务提示

（一）工作方法

1. 根据任务描述，通过线上学习与讨论，了解盘式制动器结构与工作原理，通过查询互联网、查阅图书馆资料等途径收集、分析有关信息。
2. 以小组讨论的形式完成工作计划。
3. 按照工作计划，完成小组成员分工。
4. 对于出现的问题，请先自行解决。如确实无法解决，再寻求帮助。
5. 与指导教师讨论，进行学习总结。

（二）工作内容

1. 工作过程按照"六步法"实施。
2. 认真回答引导问题，仔细填写相关表格。
3. 小组合作完成任务，对任务完成情况的评价应客观、全面。
4. 执行实训室"5S"管理制度。

（三）知识储备

1. 盘式制动器的组成：盘式制动器是当前小型乘用车的主流制动形式，主要由制动盘、制动摩擦片、制动分泵和制动卡钳等部件组成。

2. 盘式制动器的功用：在驾驶员踩踏力的作用下，通过制动管路，将液力作用于制动分泵，分泵推动制动摩擦片，使之与制动盘之间形成摩擦制动力，即对车轮进行制动。

3. 盘式制动器维护的重要性：盘式制动器的好坏直接影响行车安全，盘式制动器在使用一段时间后，可能会出现制动分泵渗漏、摩擦片异常磨损、制动盘损坏等现象，这将导致其制动性能下降甚至发生严重后果。因此，必须对盘式制动器定期进行检查与维护。

（四）注意事项与安全环保知识

1. 熟悉实训设备的使用方法，注意举升机的安全使用。
2. 完成实训并经教师检查评估后，关闭电源和气源，拆下管线。
3. 请勿在没有确认安全之前拆卸气动执行元件。
4. 任务结束后，将元器件归位，废弃物分类处理，执行实训室"5S"管理制度。

三、工作过程

（一）信息

1. 课前准备。

课前完成如下线上学习任务：

（1）从学习平台接受任务，通过查询互联网、查阅图书馆资料等途径收集、分析有关信息，然后分组了解盘式制动器的结构与工作原理（以实训用车为例）。

（2）在线讨论，在组内进行成果分享、交流。

2. 任务引导。

（1）为何要进行盘式制动器的维护？维护周期是多久？

（2）盘式制动器的分类及工作原理是怎样的？

（二）计划

1. 根据小组成员情况进行分工（表 4-1-15）。

表 4-1-15　小组分工表

小组信息	班级名称		日期		
	小组名称		组长姓名		
	岗位分工	汇报员	观察员	记录员	技术员
	成员姓名				

说明：组长负责组织协调工作，汇报员负责分享信息并进行项目讲解，观察员负责计时和录像，记录员负责记录工作过程和填写表格，技术员负责项目的操作实施。

2. 讨论工作计划。

小组成员共同讨论工作计划，找出实训用车盘式制动器各结构的位置并分析工作过程路线，填写表格（表 4-1-16）。

表 4-1-16　盘式制动器认知表

序号	机构名称	上一级动力源或机构	位置	功能作用
1				
2				
3				
4				
5				
6				
7				
8				
9				
10				

小组成员共同讨论工作计划，列出本次任务中所用器材的名称及功能用途（表 4-1-17）。

表 4-1-17　器材选型表

序号	器材名称	功能用途	备注
1			
2			
3			
4			
5			
6			
7			
8			
9			
10			

（三）决策

1. 制订工作计划流程表。

各小组制订本次任务的工作计划流程表（表 4-1-18），并通过网络传送给指导教师。

表 4-1-18　工作计划流程表

序号	工作步骤	预期目标	备注
1			
2			
3			
4			
5			
6			
7			
8			
9			
10			

2. 方案展示。

已上传工作计划流程表的小组进行方案展示，其他小组对该方案提出意见和建议，完善方案。

（四）实施

1. 根据工作计划流程表，选用相应的设备、工具、仪器，进行盘式制动器的检查与维护（表4-1-19）。

要求：小组分工明确，全员参与，操作规范、安全。

表 4-1-19　任务工作单

序号	作业内容	完成情况
1	安装车轮挡块	
2	安装车内防护套件	
3	拉起驻车制动，降下驾驶员侧车窗玻璃	
4	打开发动机舱盖	
5	安装车外防护套件	
6	进行车辆预检	
7	举升车辆至合适高度	
8	拆卸车轮	
9	拆下制动卡钳	
10	检查制动分泵是否有泄漏	
11	测量制动器摩擦片的厚度（外侧）	
12	测量制动器摩擦片的厚度（内侧）	

续表

序号	作业内容	完成情况
13	检查制动器摩擦片的不均匀磨损	
14	检查盘式转子盘的磨损和损坏	
15	测量盘式转子盘的厚度	
16	测量制动盘的端面跳动量	
17	装复制动卡钳及摩擦片	
18	预装车轮	
19	降下车辆	
20	按规定扭矩拧紧轮胎螺栓	
21	车辆复位、清洁	
22	工具及场地执行"5S"管理制度	

2. 成果分享。

由其他小组对其操作过程进行分享及解答。针对问题，教师及时进行现场指导与分析。

（五）检查

对照各组计划和实施情况，请各组交换检查并填写检查表（表4-1-20）。

表 4-1-20　检查表

项目名称：			检查时间：	
序号	检查点	检查标准	是否完成（Y/N）	未完成原因分析及措施
1				
2				
3				
4				
5				
6				
7				
8				
9				
10				
11				
12				
13				
14				
15				

（六）评价

填写项目任务工作评价表（表4-1-21）。

表 4-1-21　项目任务工作评价表

小组名			姓名		评价日期		
项目名称					评价时间		
否决项			违反设备操作规程与安全环保规范，造成设备损坏或人身事故，该项目0分				
	评价要素	配分	等级与评分细则 （等级系数：A＝1，B＝0.8，C＝0.6，D＝0.2，E＝0）		自我评价	小组评价	教师评价
1	信息收集与工具选择	20分	A. 能正确查询资料 B. 能正确选择工具设备 C. 经提示后会查阅手册，有大缺陷 D. 未完成				
2	制订计划	20分	A. 能根据信息制订合理计划 B. 计划有小缺陷 C. 制订的计划基本可行 D. 制订了计划，有重大缺陷 E. 未完成				
3	工作任务实施与检查	30分	A. 严格按计划与规范实施计划，遇到问题能正确分析并解决，检查过程正常开展 B. 能认真实施计划，检查过程正常 C. 能实施保养与检查，工具设备有误操作 D. 未参与				
4	安全环保意识	10分	A. 能严格遵守安全规范，执行"5S"管理制度 B. 能遵守规范，有安全环保意识 C. 能遵守规范，实施过程安全正常 D. 无安全环保意识				
5	综合素质考核	20分	A. 积极参与小组工作，按时完成工作页，全勤 B. 能参与小组工作，完成工作页，出勤率90%以上 C. 能参与小组工作，出勤率80%以上 D. 未反映参与工作				
总分		100分		得分			
根据学生实际情况，由培训师设定三个项目评分的权重，如3∶3∶4					30%	30%	40%
加权后得分							
综合总分							

学生签字：＿＿＿＿＿＿＿＿　　　　培训师签字：＿＿＿＿＿＿＿＿

（日期）　　　　　　　　　　　　（日期）

四、项目学习总结

重点写出不足及今后工作的改进计划。

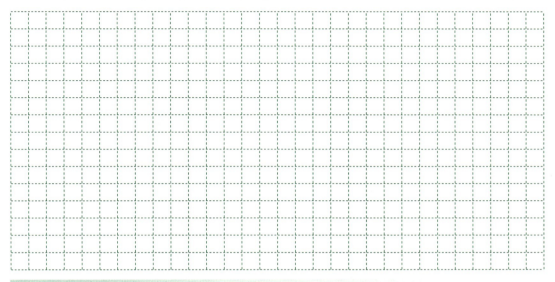

五、扩展与提高

如何推测制动摩擦片的更换时间？（参照相关维修手册）

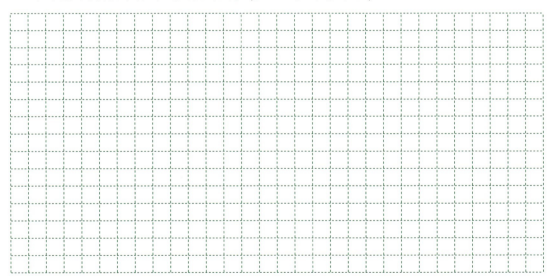

六、相关理论知识

相关理论知识参见课程教材《汽车底盘构造与维修》《汽车维护》，以及相关汽车维修手册。

任务四　制动液的检查与更换

一、任务描述

本次任务：了解制动液加注的位置和结构；学会正确进行制动液的检查与添加；学会正确更换制动液（图 4-1-6）。

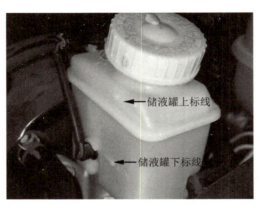

图 4-1-6　制动液储液罐

在本次工作任务中，我们将学习检查与添加制动液的正确方法，学习更换制动液的正确方法。

二、任务提示

（一）工作方法

1. 根据任务描述，通过线上学习与讨论，了解制动液相关知识，通过查询互联网、查阅图书馆资料等途径收集、分析有关信息。

2. 以小组讨论的形式完成工作计划。

3. 按照工作计划，完成小组成员分工。

4. 对于出现的问题，请先自行解决。如确实无法解决，再寻求帮助。

5. 与指导教师讨论，进行学习总结。

（二）工作内容

1. 工作过程按照"六步法"实施。

2. 认真回答引导问题，仔细填写相关表格。

3. 小组合作完成任务，对任务完成情况的评价应客观、全面。

4. 执行实训室"5S"管理制度。

（三）知识储备

1. 制动液的性能指标：为了保证车辆制动灵活、有效、可靠地安全行驶，制动液必须具有一定的性能指标，其中主要有黏度、气阻温度、氧化安定性和防腐性、橡胶溶胀性等性能指标。

2. 制动液的型号：国内将制动液分为"JG0""JG1""JG2""JG3""JG4""JG5"等型号，国外制动液的标准有"DOT3""DOT4""DOT5"等级别，国内轿车常用"DOT4"级别的制动液。

3. 选用制动液的正确方法：① 根据车辆使用说明书，选用与之匹配的刹车油。② 购买时要辨别真伪。③ 严禁不同规格的制动液混用。④ 制动液不受气候条件限制，选用时不必考虑气候因素。⑤ 用剩的制动液一定要严格密封保存。

（四）注意事项与安全环保知识

1. 熟悉实训设备的使用方法，注意举升机的安全使用。
2. 完成实训并经教师检查评估后，关闭电源和气源，拆下管线。
3. 请勿在没有确认安全之前拆卸气动执行元件。
4. 任务结束后，将元器件归位，废弃物分类处理，执行实训室"5S"管理制度。

三、工作过程

（一）信息

1. 课前准备。

课前完成如下线上学习任务：

（1）从学习平台接受任务，通过查询互联网、查阅图书馆资料等途径收集、分析有关信息，然后分组了解制动液检查与更换相关知识（以实训用车为例）。

（2）在线讨论，在组内进行成果分享、交流。

2. 任务引导。

（1）为何要进行制动液品质的检查？其维护周期是多久？

（2）制动液的特性有哪些？其维护时有哪些注意事项？

（二）计划

1. 根据小组成员情况进行分工（表4-1-22）。

表4-1-22 小组分工表

小组信息	班级名称		日期	
	小组名称		组长姓名	
	岗位分工	汇报员	观察员	记录员	技术员
	成员姓名				

说明：组长负责组织协调工作，汇报员负责分享信息并进行项目讲解，观察员负责计时和录像，记录员负责记录工作过程和填写表格，技术员负责项目的操作实施。

2. 讨论工作计划。

小组成员共同讨论工作计划，找出实训用车制动液储液罐及其相关管路、附件的位置，并分析其工作过程路线，填写表格（表 4-1-23）。

表 4-1-23　制动液储液罐及相关管路认知表

序号	机构名称	上一级动力源或机构	位置	功能作用
1				
2				
3				
4				
5				
6				
7				
8				
9				
10				

小组成员共同讨论工作计划，列出本次任务中所用器材的名称和功能用途（表 4-1-24）。

表 4-1-24　器材选型表

序号	器材名称	功能用途	备注
1			
2			
3			
4			
5			
6			
7			
8			
9			
10			

（三）决策

1. 制订工作计划流程表。

各小组制订本次任务的工作计划流程表（表 4-1-25），并通过网络传送给指导教师。

表 4-1-25　工作计划流程表

序号	工作步骤	预期目标	备注
1			
2			
3			
4			
5			
6			
7			
8			
9			
10			

2. 方案展示。

已上传工作计划流程表的小组进行方案展示，其他小组对该方案提出意见和建议，完善方案。

（四）实施

1. 根据工作计划流程表，选用相应的设备、工具、仪器，进行制动液的检查与加注（表 4-1-26）。

要求：小组分工明确，全员参与，操作规范、安全。

表 4-1-26　任务工作单 1

序号	作业内容	功能用途	完成情况
1	安装车轮挡块		
2	安装车内防护套件		
3	拉起驻车制动，降下驾驶员侧车窗玻璃		
4	打开发动机舱盖		
5	安装车外防护套件		
6	进行车辆预检		
7	检查制动总泵储液罐内制动液液面高度是否在上限（MAX）标线和下限（MIN）标线之间		
8	打开制动总泵储液罐的密封盖		
9	添加制动液		
10	确认制动液量未超过上限（MAX）标线		
11	迅速盖上制动总泵储液罐的密封盖		
12	车辆复位、清洁		
13	工具及场地执行"5S"管理制度		

2. 根据工作计划流程表，选用相应的设备、工具、仪器，进行制动液的更换（表 4-1-27）。

要求：小组分工明确，全员参与，操作规范、安全。

表 4-1-27 任务工作单 2

序号	作业内容	完成情况
1	安装车轮挡块	
2	安装车内防护套件	
3	拉起驻车制动，降下驾驶员侧车窗玻璃	
4	打开发动机舱盖	
5	安装车外防护套件	
6	进行车辆预检	
7	排出旧制动液	
8	添加新制动液	
9	制动管路排放空气	
10	制动管路排放空气后检查	
11	车辆复位、清洁	
12	工具及场地执行"5S"管理制度	

3. 成果分享。

由其他小组对其操作过程进行分享及解答。针对问题，教师及时进行现场指导与分析。

（五）检查

对照各组计划和实施情况，请各组交换检查并填写检查表（表 4-1-28）。

表 4-1-28 检查表

项目名称：			检查时间：	
序号	检查点	检查标准	是否完成（Y/N）	未完成原因分析及措施
1				
2				
3				
4				
5				
6				

续表

序号	检查点	检查标准	是否完成（Y/N）	未完成原因分析及措施
7				
8				
9				
10				
11				
12				
13				
14				
15				

（六）评价

填写项目任务工作评价表（表4-1-29）。

表 4-1-29 项目任务工作评价表

小组名			姓名		评价日期	
项目名称					评价时间	
否决项		违反设备操作规程与安全环保规范，造成设备损坏或人身事故，该项目0分				
评价要素		配分	等级与评分细则 （等级系数：A=1，B=0.8，C=0.6，D=0.2，E=0）	自我评价	小组评价	教师评价
1	信息收集与工具选择	20分	A. 能正确查询资料 B. 能正确选择工具设备 C. 经提示后会查阅手册，有大缺陷 D. 未完成			
2	制订计划	20分	A. 能根据信息制订合理计划 B. 计划有小缺陷 C. 制订的计划基本可行 D. 制订了计划，有重大缺陷 E. 未完成			
3	工作任务实施与检查	30分	A. 严格按计划与规范实施计划，遇到问题能正确分析并解决，检查过程正常开展 B. 能认真实施计划，检查过程正常 C. 能实施保养与检查，工具设备有误操作 D. 未参与			

续表

评价要素	配分	等级与评分细则 （等级系数：A＝1，B＝0.8，C＝0.6，D＝0.2，E＝0）	自我评价	小组评价	教师评价
4 安全环保意识	10 分	A. 能严格遵守安全规范，执行"5S"管理制度 B. 能遵守规范，有安全环保意识 C. 能遵守规范，实施过程安全正常 D. 无安全环保意识			
5 综合素质考核	20 分	A. 积极参与小组工作，按时完成工作页，全勤 B. 能参与小组工作，完成工作页，出勤率 90%以上 C. 能参与小组工作，出勤率 80%以上 D. 未反映参与工作			
总分	100 分	得分			
根据学生实际情况，由培训师设定三个项目评分的权重，如 3∶3∶4			30%	30%	40%
加权后得分					
综合总分					

学生签字：_____　　　培训师签字：_____
（日期）　　　　　　　　　　　　（日期）

四、项目学习总结

重点写出不足及今后工作的改进计划。

五、扩展与提高

如何利用制动液更换机加注或更换制动液（图 4-1-7）？

图 4-1-7　制动液更换机

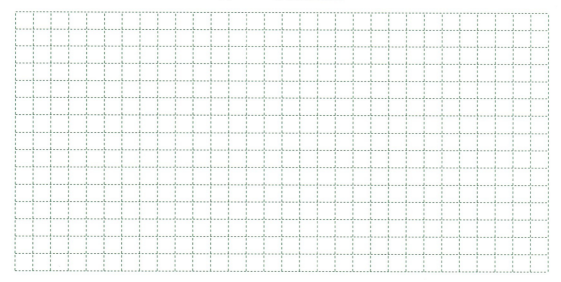

六、相关理论知识

相关理论知识参见课程教材《汽车底盘构造与维修》《汽车维护》，以及相关汽车维修手册。

任务五　制动管路的检查与维护

一、任务描述

本次任务：了解制动管路的布置；学会正确描述制动管路常见的损坏形式；学会正确检查制动管路（图 4-1-8）。

图 4-1-8　全车制动管路

在本次工作任务中，我们将学习检查制动管路损伤情况的正确方法。

二、任务提示

（一）工作方法

1. 根据任务描述，通过线上学习，了解制动液相关知识，通过查询互联网、查阅图书馆资料等途径收集、分析有关信息。

2. 以小组讨论的形式完成工作计划。

3. 按照工作计划，完成小组成员分工。

4. 对于出现的问题，请先自行解决。如确实无法解决，再寻求帮助。

5. 与指导教师讨论，进行学习总结。

（二）工作内容

1. 工作过程按照"六步法"实施。

2. 认真回答引导问题，仔细填写相关表格。

3. 小组合作完成任务，对任务完成情况的评价应客观、全面。

4. 执行实训室"5S"管理制度。

（三）知识储备

1. 制动管路的组成：制动管路一般为双回路液压管路，由 6 根硬管和 4 根软管组成，如图 4-1-8 所示。

2. 制动管路的作用：制动管路连接总泵和分泵，为制动液的流通、液力的传动提供管道，其技术状况将直接影响行车安全。

3. 制动管路维护的重要性：制动管路是制动器的重要组成部分，管路损坏、老化会导致制动液泄漏、制动器不能工作；若制动管路吸收空气中的湿气或制动液沸腾吸入大量气体，施加在制动分泵上的液压制动力将下降，从而降低制动效能；若制动管路中存在气体，还会在分泵上产生锈蚀，使密封圈处发生泄漏。

（四）注意事项与安全环保知识

1. 熟悉实训设备的使用方法，注意举升机的安全使用。
2. 完成实训并经教师检查评估后，关闭电源和气源，拆下管线。
3. 请勿在没有确认安全之前拆卸气动执行元件。
4. 任务结束后，将元器件归位，废弃物分类处理，执行实训室"5S"管理制度。

三、工作过程

（一）信息

1. 课前准备。

课前完成如下线上学习任务：

（1）从学习平台接受任务，通过查询互联网、查阅图书馆资料等途径收集、分析有关信息，然后分组了解制动管路相关知识（以实训用车为例）。

（2）在线讨论，在组内进行成果分享、交流。

2. 任务引导。

（1）为何要进行制动管路的检查？维护周期是多久？

（2）制动管路维护的注意事项有哪些？

（二）计划

1. 根据小组成员情况进行分工（表4-1-30）。

表4-1-30 小组分工表

小组信息	班级名称			日期	
	小组名称			组长姓名	
	岗位分工	汇报员	观察员	记录员	技术员
	成员姓名				

说明：组长负责组织协调工作，汇报员负责分享信息并进行项目讲解，观察员负责计时和录像，记录员负责记录工作过程和填写表格，技术员负责项目的操作实施。

2. 讨论工作计划。

小组成员共同讨论工作计划，找出实训用车制动管路在全车的位置（连接情况）与工作过程路线，填写表格（表4-1-31）。

表 4-1-31　制动管路认知表

序号	机构名称	上一级动力源或机构	位置	功能作用
1				
2				
3				
4				
5				
6				
7				
8				
9				
10				

小组成员共同讨论工作计划，列出本次任务中所用器材的名称和功能用途（表 4-1-32）。

表 4-1-32　器材选型表

序号	器材名称	功能用途	备注
1			
2			
3			
4			
5			
6			
7			
8			
9			
10			
11			
12			

（三）决策

1. 制订工作计划流程表。

各小组制订本次任务的工作计划流程表（表 4-1-33），并通过网络传送给指导教师。

表 4-1-33　工作计划流程表

序号	工作步骤	预期目标	备注
1			
2			
3			
4			
5			
6			
7			
8			
9			
10			

2. 方案展示。

已上传工作计划流程表的小组进行方案展示，其他小组对该方案提出意见和建议，完善方案。

（四）实施

1. 根据工作计划流程表，选用相应的设备、工具、仪器，进行制动管路的检查与维护（表4-1-34）。

要求：小组分工明确，全员参与，操作规范、安全。

表 4-1-34　任务工作单

序号	作业内容	完成情况
1	安装车轮挡块	
2	安装车内防护套件	
3	拉起驻车制动，降下驾驶员侧车窗玻璃	
4	打开发动机舱盖	
5	安装车外防护套件	
6	检查发动机舱内制动管路是否泄漏或损坏	
7	检查发动机舱内制动管路安装状况是否良好	
8	举升车辆至适合高度	
9	检查车辆底部制动管路是否泄漏	
10	检查车辆底部制动管路是否有压痕或损坏	
11	检查车辆底部制动管路安装状况是否良好	

续表

序号	作业内容	完成情况
12	检查制动软管是否泄漏	
13	检查制动软管是否扭曲、有裂纹和凸起	
14	检查制动软管安装状况是否良好	
15	降下车辆	
16	车辆复位、清洁	
17	工具及场地执行"5S"管理制度	

2. 成果分享。

由其他小组对其操作过程进行分享及解答。针对问题，教师及时进行现场指导与分析。

（五）检查

对照各组计划和实施情况，请各组交换检查并填写检查表（表4-1-35）。

表 4-1-35 检查表

项目名称：			检查时间：
序号	检查点	检查标准	是否完成（Y/N）	未完成原因分析及措施
1				
2				
3				
4				
5				
6				
7				
8				
9				
10				
11				
12				
13				
14				
15				

（六）评价

填写项目任务工作评价表（表 4-1-36）。

表 4-1-36 项目任务工作评价表

小组名		姓名		评价日期			
项目名称				评价时间			
否决项	违反设备操作规程与安全环保规范，造成设备损坏或人身事故，该项目 0 分						
	评价要素	配分	等级与评分细则 （等级系数：A=1，B=0.8，C=0.6，D=0.2，E=0）		自我评价	小组评价	教师评价
1	信息收集与工具选择	20 分	A. 能正确查询资料 B. 能正确选择工具设备 C. 经提示后会查阅手册，有大缺陷 D. 未完成				
2	制订计划	20 分	A. 能根据信息制订合理计划 B. 计划有小缺陷 C. 制订的计划基本可行 D. 制订了计划，有重大缺陷 E. 未完成				
3	工作任务实施与检查	30 分	A. 严格按计划与规范实施计划，遇到问题能正确分析并解决，检查过程正常开展 B. 能认真实施计划，检查过程正常 C. 能实施保养与检查，工具设备有误操作 D. 未参与				
4	安全环保意识	10 分	A. 能严格遵守安全规范，执行"5S"管理制度 B. 能遵守规范，有安全环保意识 C. 能遵守规范，实施过程安全正常 D. 无安全环保意识				
5	综合素质考核	20 分	A. 积极参与小组工作，按时完成工作页，全勤 B. 能参与小组工作，完成工作页，出勤率 90%以上 C. 能参与小组工作，出勤率 80%以上 D. 未反映参与工作				
总分		100 分		得分			
根据学生实际情况，由培训师设定三个项目评分的权重，如 3∶3∶4					30%	30%	40%
加权后得分							
综合总分							

学生签字：_____　　　　　培训师签字：_____
（日期）　　　　　　　　　　　（日期）

四、项目学习总结

重点写出不足及今后工作的改进计划。

五、扩展与提高

如何进行制动管路排空气的操作（图 4-1-9）？

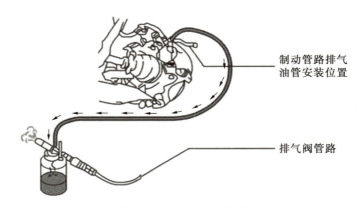

图 4-1-9　制动管路排气图

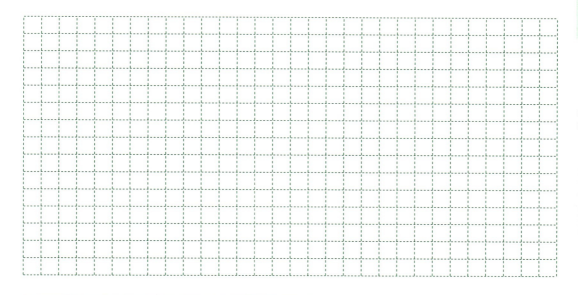

六、相关理论知识

相关理论知识参见课程教材《汽车底盘构造与维修》《汽车维护》,以及相关汽车维修手册。

项目二 行驶系统的检查与维护

任务一　悬架的检查与维护

一、任务描述

本次任务：了解悬架系统的功用；学会描述悬架系统检查与维护的重要性；学会正确检查悬架系统（图4-2-1）。

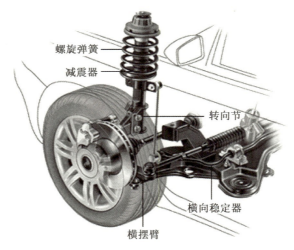

图 4-2-1　麦弗逊独立悬架

在本次工作任务中，我们将学习检查减震器、弹簧及悬架各构件是否损坏、是否变形、是否漏油的正确方法。

二、任务提示

（一）工作方法

1. 根据任务描述，通过线上学习和讨论，了解悬架系统的相关知识，通过查询互联网、查阅图书馆资料等途径收集、分析有关信息。
2. 以小组讨论的形式完成工作计划。
3. 按照工作计划，完成小组成员分工。
4. 对于出现的问题，请先自行解决。如确实无法解决，再寻求帮助。

5. 与指导教师讨论，进行学习总结。

（二）工作内容

1. 工作过程按照"六步法"实施。

2. 认真回答引导问题，仔细填写相关表格。

3. 小组合作完成任务，对任务完成情况的评价应客观、全面。

4. 执行实训室"5S"管理制度。

（三）知识储备

1. 悬架系统的组成：悬架系统将车轮与车身或车架相连，以实际支撑车辆，缓冲地面冲击力，改善行驶状况，确保行驶稳定。其主要构成有减震器、减震弹簧、稳定杆等。

2. 悬架系统的作用：减震器限制车身或车架的移动，起缓冲作用；减震弹簧缓冲路面冲击力并减少传递到车身上的震动；当车辆转弯时，因为离心力的作用车身会发生倾斜，稳定杆随之扭曲变形从而控制倾斜，并保持轮胎紧贴地面。

（四）注意事项与安全环保知识

1. 熟悉实训设备的使用方法，注意举升机的安全使用。

2. 完成实训并经教师检查评估后，关闭电源和气源，拆下管线。

3. 请勿在没有确认安全之前拆卸气动执行元件。

4. 任务结束后，将元器件归位，废弃物分类处理，执行实训室"5S"管理制度。

三、工作过程

（一）信息

1. 课前准备。

课前完成如下线上学习任务：

（1）从学习平台接受任务，通过查询互联网、查阅图书馆资料等途径收集、分析有关信息，然后分组了解汽车悬架相关知识（以实训用车为例）。

（2）在线讨论，在组内进行成果分享、交流。

2. 任务引导。

（1）悬架由哪些部件组成？悬架各部件的作用是什么？

（2）为何要对汽车悬架进行维护？

(二) 计划

1. 根据小组成员情况进行分工（表 4-2-1）。

表 4-2-1 小组分工表

小组信息	班级名称			日期	
	小组名称			组长姓名	
	岗位分工	汇报员	观察员	记录员	技术员
	成员姓名				

说明：组长负责组织协调工作，汇报员负责分享信息并进行项目讲解，观察员负责计时和录像，记录员负责记录工作过程和填写表格，技术员负责项目的操作实施。

2. 讨论工作计划。

小组成员共同讨论工作计划，找出实训用车悬架各结构的实际位置与工作过程路线，填写表格（表 4-2-2）。

表 4-2-2 汽车悬架认知表

序号	机构名称	上一级动力源或机构	位置	功能作用
1				
2				
3				
4				
5				
6				
7				
8				
9				
10				

小组成员共同讨论工作计划，列出本次任务中所用器材的名称和功能用途（表 4-2-3）。

表 4-2-3 器材选型表

序号	器材名称	功能用途	备注
1			
2			
3			
4			
5			
6			
7			
8			
9			
10			

（三）决策

1. 制订工作计划流程表。

各小组制订本次任务的工作计划流程表（表 4-2-4），并通过网络传送给指导教师。

表 4-2-4　工作计划流程表

序号	工作步骤	预期目标	备注
1			
2			
3			
4			
5			
6			
7			
8			
9			
10			

2. 方案展示。

已上传工作计划流程表的小组进行方案展示，其他小组对该方案提出意见和建议，完善方案。

（四）实施

1. 根据工作计划流程表，选用相应的设备、工具、仪器，进行汽车悬架的维护（表 4-2-5）。

要求：小组分工明确，全员参与，操作规范、安全。

表 4-2-5　任务工作单

序号	作业内容	完成情况
1	安装车轮挡块	
2	安装车内防护套件	
3	拉起驻车制动，降下驾驶员侧车窗玻璃	
4	打开发动机舱盖	
5	安装车外防护套件	
6	检查车身是否倾斜（前部）	
7	检查车身是否倾斜（后部）	
8	检查减震器的减震力是否正常（左前）	
9	检查减震器的减震力是否正常（右前）	
10	检查减震器的减震力是否正常（左后）	
11	检查减震器的减震力是否正常（右后）	
12	举升车辆至合适高度	

续表

序号	作业内容	完成情况
13	检查稳定杆的安装是否有松动	
14	检查稳定杆是否变形、损坏	
15	检查螺旋弹簧是否变形、损坏（左前）	
16	检查螺旋弹簧是否变形、损坏（右前）	
17	检查螺旋弹簧是否变形、损坏（左后）	
18	检查螺旋弹簧是否变形、损坏（右后）	
19	检查减震器是否漏油、损坏（左前）	
20	检查减震器是否漏油、损坏（右前）	
21	检查减震器是否漏油、损坏（左后）	
22	检查减震器是否漏油、损坏（右后）	
23	下降车辆至地面	
24	车辆复位、清洁	
25	工具及场地执行"5S"管理制度	

2. 成果分享。

由其他小组对其操作过程进行分享及解答。针对问题，教师及时进行现场指导与分析。

（五）检查

对照各组计划和实施情况，请各组交换检查并填写检查表（表4-2-6）。

表4-2-6　检查表

项目名称：				检查时间：
序号	检查点	检查标准	是否完成（Y/N）	未完成原因分析及措施
1				
2				
3				
4				
5				
6				
7				
8				
9				
10				
11				
12				
13				
14				
15				

(六) 评价

填写项目任务工作评价表（表 4-2-7）。

表 4-2-7 项目任务工作评价表

小组名			姓名		评价日期		
项目名称					评价时间		
否决项		违反设备操作规程与安全环保规范，造成设备损坏或人身事故，该项目 0 分					
	评价要素	配分	等级与评分细则 （等级系数：A＝1，B＝0.8，C＝0.6，D＝0.2，E＝0）		自我评价	小组评价	教师评价
1	信息收集与工具选择	20 分	A. 能正确查询资料 B. 能正确选择工具设备 C. 经提示后会查阅手册，有大缺陷 D. 未完成				
2	制订计划	20 分	A. 能根据信息制订合理计划 B. 计划有小缺陷 C. 制订的计划基本可行 D. 制订了计划，有重大缺陷 E. 未完成				
3	工作任务实施与检查	30 分	A. 严格按计划与规范实施计划，遇到问题能正确分析并解决，检查过程正常开展 B. 能认真实施计划，检查过程正常 C. 能实施保养与检查，工具设备有误操作 D. 未参与				
4	安全环保意识	10 分	A. 能严格遵守安全规范，执行"5S"管理制度 B. 能遵守规范，有安全环保意识 C. 能遵守规范，实施过程安全正常 D. 无安全环保意识				
5	综合素质考核	20 分	A. 积极参与小组工作，按时完成工作页，全勤 B. 能参与小组工作，完成工作页，出勤率 90%以上 C. 能参与小组工作，出勤率 80%以上 D. 未反映参与工作				
	总分	100 分		得分			
	根据学生实际情况，由培训师设定三个项目评分的权重，如 3∶3∶4				30%	30%	40%
				加权后得分			
				综合总分			

学生签字：_____   培训师签字：_____
（日期）   （日期）

四、项目学习总结

重点写出不足及今后工作的改进计划。

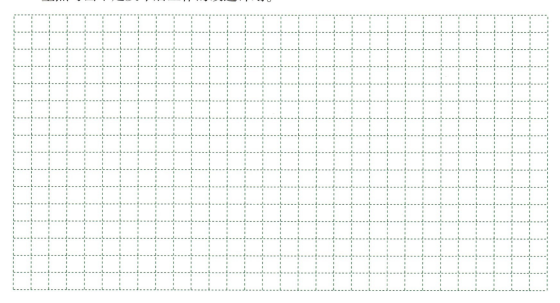

五、扩展与提高

车身发生倾斜故障的原因有哪些？

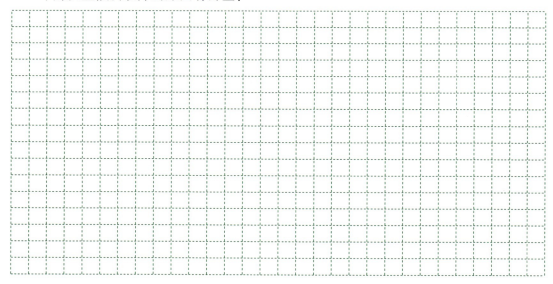

六、相关理论知识

相关理论知识参见课程教材《汽车底盘构造与维修》《汽车维护》，以及相关汽车维修手册。

任务二　车轮的检查与维护

一、任务描述

本次任务：学会正确检查车轮外观；学会正确描述轮胎花纹磨损的危害；学会正确使用轮胎花纹深度规测量胎面沟槽深度；学会正确使用气压表检查轮胎气压（图 4-2-2、图 4-2-3）。

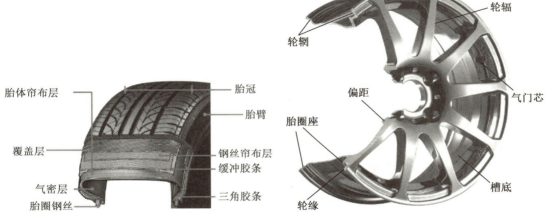

图 4-2-2　轮胎结构图　　　　图 4-2-3　轮毂结构图

在本次工作任务中，我们将学习检查胎面、胎侧是否有异常磨损，检查胎面、胎侧是否有裂纹和损坏，测量胎面沟槽深度，检查沟槽是否嵌入金属颗粒等异物，检查轮胎气压，检查气门芯是否漏气。

二、任务提示

（一）工作方法

1. 根据任务描述，通过线上学习与讨论，了解汽车车轮的结构与工作原理，通过查询互联网、查阅图书馆资料等途径收集、分析有关信息。
2. 以小组讨论的形式完成工作计划。
3. 按照工作计划，完成小组成员分工。
4. 对于出现的问题，请先自行解决。如确实无法解决，再寻求帮助。
5. 与指导教师讨论，进行学习总结。

（二）工作内容

1. 工作过程按照"六步法"实施。
2. 认真回答引导问题，仔细填写相关表格。
3. 小组合作完成任务，对任务完成情况的评价应客观、全面。
4. 执行实训室"5S"管理制度。

（三）知识储备

1. 汽车底盘的结构：由制动系统、行驶系统、转向系统、传动系统组成。
2. 汽车车轮的结构：通常由轮毂、轮辋和轮辐组成。
3. 汽车轮胎的结构：由外胎、内胎与垫带（无内胎的轮胎无垫带）组成。
4. 汽车轮胎花纹磨损的危害：胎冠过度磨损（气压过高）；单边磨损（前轮外倾角失准，后桥壳变形）；胎肩过度磨损（气压过低）；锯齿状磨损（前束失准）。

（四）注意事项与安全环保知识

1. 熟悉实训设备的使用方法，注意举升机的安全使用。
2. 完成实训并经教师检查评估后，关闭电源和气源，拆下管线。
3. 请勿在没有确认安全之前拆卸气动执行元件。
4. 任务结束后，将元器件归位，废弃物分类处理，执行实训室"5S"管理制度。

三、工作过程

（一）信息

1. 课前准备。

课前完成如下线上学习任务：

（1）从学习平台接受任务，通过查询互联网、查阅图书馆资料等途径收集、分析有关信息，然后分组了解汽车车轮的结构与工作原理（以实训用车为例）。

（2）在线讨论，在组内进行成果分享、交流。

2. 任务引导。

（1）为何要进行汽车车轮的检查与维护？维护周期是多久？

（2）汽车轮胎异常磨损的危害有哪些？

（二）计划

1. 根据小组成员情况进行分工（表4-2-8）。

表 4-2-8 小组分工表

小组信息	班级名称			日期	
	小组名称			组长姓名	
	岗位分工	汇报员	观察员	记录员	技术员
	成员姓名				

说明：组长负责组织协调工作，汇报员负责分享信息并进行项目讲解，观察员负责计时和录像，记录员负责记录工作过程和填写表格，技术员负责项目的操作实施。

2. 讨论工作计划。

小组成员共同讨论工作计划，根据实训用车轮胎（含备胎）的胎压标准数值进行检测并记录胎压数值，检查轮胎的磨损情况，填写表格（表 4-2-9）。

表 4-2-9　汽车轮胎胎压检测记录表

序号	车型	轮胎位置	标准胎压值	检测值	有无异常磨损
1					
2					
3					
4					
5					
6					
7					
8					
9					
10					

小组成员共同讨论工作计划，列出本次任务中所用器材的名称和功能用途（表 4-2-10）。

表 4-2-10　器材选型表

序号	器材名称	功能用途	备注
1			
2			
3			
4			
5			
6			
7			
8			
9			
10			

（三）决策

1. 制订工作计划流程表。

各小组制订本次任务的工作计划流程表（表 4-2-11），并通过网络传送给指导教师。

表 4-2-11　工作计划流程表

序号	工作步骤	预期目标	备注
1			
2			
3			
4			
5			
6			
7			
8			
9			
10			

2. 方案展示。

已上传工作计划流程表的小组进行方案展示，其他小组对该方案提出意见和建议，完善方案。

（四）实施

1. 根据工作计划流程表，选用相应的设备、工具、仪器，进行汽车车轮的检查与维护（表 4-2-12）。

要求：小组分工明确，全员参与，操作规范、安全。

表 4-2-12　任务工作单

序号	作业内容	完成情况
1	安装车轮挡块	
	打开发动机舱盖	
2	安装车内外防护套件	
3	拉起驻车制动，降下驾驶员侧车窗玻璃	
4	举升车辆	
5	拆下待检车轮，放至指定轮胎架上	
6	检查胎面、胎侧是否有裂纹和损坏	
7	检查胎面、胎侧是否有异常磨损	
8	测量花纹深度是否正常	
9	检查花纹槽内是否嵌入金属等异物	
10	检查气门芯是否漏气	
11	检查轮胎气压是否符合要求	

续表

序号	作业内容	完成情况
12	检查轮辋有无变形、腐蚀或损坏	
13	装复车轮	
14	将车辆下降至地面	
15	车辆复位、清洁	
16	工具及场地执行"5S"管理制度	

2. 成果分享。

由其他小组对其操作过程进行分享及解答。针对问题,教师及时进行现场指导与分析。

(五)检查

对照各组计划和实施情况,请各组交换检查并填写检查表(表4-2-13)。

表4-2-13 检查表

项目名称:			检查时间:	
序号	检查点	检查标准	是否完成(Y/N)	未完成原因分析及措施
1				
2				
3				
4				
5				
6				
7				
8				
9				
10				
11				
12				
13				
14				
15				

（六）评价

填写项目任务工作评价表（表 4-2-14）。

表 4-2-14　项目任务工作评价表

小组名			姓名		评价日期		
项目名称					评价时间		
否决项		违反设备操作规程与安全环保规范，造成设备损坏或人身事故，该项目 0 分					
评价要素		配分	等级与评分细则 （等级系数：A＝1，B＝0.8，C＝0.6，D＝0.2，E＝0）		自我评价	小组评价	教师评价
1	信息收集与工具选择	20 分	A. 能正确查询资料 B. 能正确选择工具设备 C. 经提示后会查阅手册，有大缺陷 D. 未完成				
2	制订计划	20 分	A. 能根据信息制订合理计划 B. 计划有小缺陷 C. 制订的计划基本可行 D. 制订了计划，有重大缺陷 E. 未完成				
3	工作任务实施与检查	30 分	A. 严格按计划与规范实施计划，遇到问题能正确分析并解决，检查过程正常开展 B. 能认真实施计划，检查过程正常 C. 能实施保养与检查，工具设备有误操作 D. 未参与				
4	安全环保意识	10 分	A. 能严格遵守安全规范，执行"5S"管理制度 B. 能遵守规范，有安全环保意识 C. 能遵守规范，实施过程安全正常 D. 无安全环保意识				
5	综合素质考核	20 分	A. 积极参与小组工作，按时完成工作页，全勤 B. 能参与小组工作，完成工作页，出勤率 90%以上 C. 能参与小组工作，出勤率 80%以上 D. 未反映参与工作				
总分		100 分		得分			
根据学生实际情况，由培训师设定三个项目评分的权重，如 3∶3∶4					30%	30%	40%
加权后得分							
综合总分							

学生签字：＿＿＿＿＿＿＿＿　　　　　培训师签字：＿＿＿＿＿＿＿＿
（日期）　　　　　　　　　　　　　　（日期）

四、项目学习总结

重点写出不足及今后工作的改进计划。

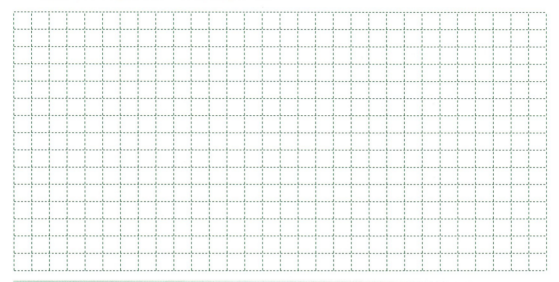

五、扩展与提高

如果轮胎使用不当,或者没有定期进行检查和维护,轮胎很容易产生异常磨损,这会造成怎样的不良后果?

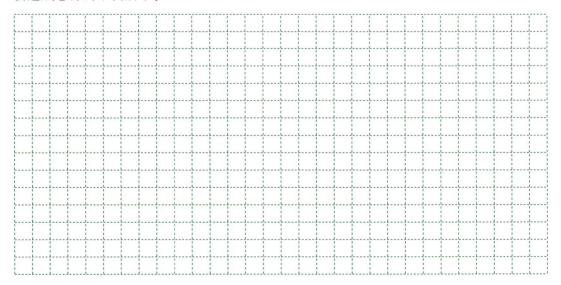

六、相关理论知识

相关理论知识参见课程教材《汽车底盘构造与维修》《汽车维护》,以及相关汽车维修手册。

任务三　车轮的定位与调整

一、任务描述

本次任务：了解车轮定位检测的内容；了解车轮定位检测的方法；学会使用仪器进行车轮定位检测（图4-2-4）。

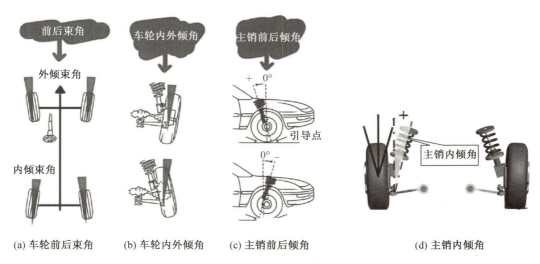

(a) 车轮前后束角　　(b) 车轮内外倾角　　(c) 主销前后倾角　　(d) 主销内倾角

图 4-2-4　四轮定位参数

在本次工作任务中，我们将学习车轮定位的内容和工作原理，学习正确使用工具和设备进行车轮定位的检查与调整。

二、任务提示

（一）工作方法

1. 根据任务描述，通过线上学习与讨论，了解车轮定位的概念与参数，通过查询互联网、查阅图书馆资料等途径收集、分析有关信息。

2. 以小组讨论的形式完成工作计划。

3. 按照工作计划，完成小组成员分工。

4. 对于出现的问题，请先自行解决。如确实无法解决，再寻求帮助。

5. 与指导教师讨论，进行学习总结。

（二）工作内容

1. 工作过程按照"六步法"实施。

2. 认真回答引导问题，仔细填写相关表格。

3. 小组合作完成任务，对任务完成情况的评价应客观、全面。

4. 执行实训室"5S"管理制度。

（三）知识储备

1. 车轮定位的概念：为了保证汽车直线行驶的稳定性和操纵的轻便性，减少汽车轮胎和其他机件的磨损，必须考虑许多因素来确定车轮与地面的角度，转向车轮、转向节和前轴与车架的安装应保持一定的相对位置，这种具有一定位置的安装称为"转向轮定位"，也称"前轮定位"。以前通常所说的车轮定位是指前轮定位，现在的车辆除前轮定位外还需要后轮定位，即四轮定位。四轮定位就是检测汽车车架、悬挂构件、车轮三者之间及四个车轮之间在"X""Y""Z"轴方向的角度位置关系。

2. 车轮定位的参数：前轮前束角（从汽车的正上方向下看，轮胎的中心线与汽车的纵向轴线之间的夹角称为"前束角"）、车轮外倾角（从汽车正前方看，汽车车轮的顶端向内或向外倾斜一个角度，称为"车轮的外倾角"）、主销后倾角（从汽车的侧面看，主销轴线或车轮转向轴线从垂直方向向后或向前倾斜一个角度，称为"主销后倾角"或"主销前倾角"）、主销内倾角（从汽车的正前方看，主销或转向轴线的上端略向内倾斜一个角度，称为"主销内倾角"）。

3. 车轮定位的检查与调整方法：检查和调整车轮外倾角、后束角、前外倾角，以及主销后倾角、前束角。

（四）注意事项与安全环保知识

1. 熟悉实训设备的使用方法，注意举升机的安全使用。
2. 完成实训并经教师检查评估后，关闭电源和气源，拆下管线。
3. 请勿在没有确认安全之前拆卸气动执行元件。
4. 任务结束后，将元器件归位，废弃物分类处理，执行实训室"5S"管理制度。

三、工作过程

（一）信息

1. 课前准备。

课前完成如下线上学习任务：

（1）从学习平台接受任务，通过查询互联网、查阅图书馆资料等途径收集、分析有关信息，然后分组了解车轮定位的概念参数及调整方法（以实训用车为例）。

（2）在线讨论，在组内进行成果分享、交流。

2. 任务引导。

（1）为何要进行车轮定位？

（2）车轮定位的参数有哪些？

（二）计划

1. 根据小组成员情况进行分工（表4-2-15）。

表 4-2-15　小组分工

小组信息	班级名称			日期	
	小组名称			组长姓名	
	岗位分工	汇报员	观察员	记录员	技术员
	成员姓名				

说明：组长负责组织协调工作，汇报员负责分享信息并进行项目讲解，观察员负责计时和录像，记录员负责记录工作过程和填写表格，技术员负责项目的操作实施。

2. 讨论工作计划。

小组成员共同讨论工作计划，根据实训用车车轮定位的参数记录检测数据，填写表格（表 4-2-16）。

表 4-2-16　车轮定位参数数据记录表

序号	车轮定位参数	数据	功能用途
1			
2			
3			
4			
5			
6			
7			
8			

（三）决策

1. 制订工作计划流程表。

各小组制订本次任务的工作计划流程表（表 4-2-17），并通过网络传送给指导教师。

表 4-2-17　工作计划流程表

序号	工作步骤	预期目标	备注
1			
2			
3			
4			
5			
6			
7			
8			
9			
10			

2. 方案展示。

已上传工作计划流程表的小组进行方案展示,其他小组对该方案提出意见和建议,完善方案。

(四) 实施

1. 根据工作计划流程表,选用相应的设备、工具、仪器,进行车轮定位的检查与调整(表 4-2-18)。

要求：小组分工明确,全员参与,操作规范、安全。

表 4-2-18　任务工作单

序号	作业内容	完成情况
1	举升检测车辆至合适高度并将举升机落锁	
2	拔出转盘固定销	
3	向前推动车辆使其前轮停在转角盘中心位置	
4	测量并记录检测车辆车身高度	
5	安装卡具和标板	
6	进行轮毂偏位补偿	
7	实施驻车制动	
8	使用刹车锁顶住制动踏板	
9	拔出转盘和滑板固定销并取下垫板	
10	定位检测	
11	继续举升检测车辆至合适高度并落锁	
12	根据前束参数判断转向拉杆的调整方向	
13	设定转向拉杆锁紧螺母的扭矩	
14	打印检测报告	
15	车辆、工具复位、清洁	
16	工具及场地执行"5S"管理制度	

2. 成果分享。

由其他小组对其操作过程进行分享及解答。针对问题,教师及时进行现场指导与分析。

(五) 检查

对照各组计划和实施情况,请各组交换检查并填写检查表(表 4-2-19)。

表 4-2-19 检查表

项目名称：				检查时间：
序号	检查点	检查标准	是否完成（Y/N）	未完成原因分析及措施
1				
2				
3				
4				
5				
6				
7				
8				
9				
10				
11				
12				
13				
14				
15				

（六）评价

填写项目任务工作评价表（表 4-2-20）。

表 4-2-20 项目任务工作评价表

小组名			姓名		评价日期		
项目名称					评价时间		
否决项		违反设备操作规程与安全环保规范，造成设备损坏或人身事故，该项目 0 分					
评价要素		配分	等级与评分细则 （等级系数：A＝1，B＝0.8，C＝0.6，D＝0.2，E＝0）		自我评价	小组评价	教师评价
1	信息收集与工具选择	20 分	A. 能正确查询资料 B. 能正确选择工具设备 C. 经提示后会查阅手册，有大缺陷 D. 未完成				
2	制订计划	20 分	A. 能根据信息制订合理计划 B. 计划有小缺陷 C. 制订的计划基本可行 D. 制订了计划，有重大缺陷 E. 未完成				

续表

	评价要素	配分	等级与评分细则 (等级系数:A=1,B=0.8,C=0.6,D=0.2,E=0)	自我评价	小组评价	教师评价
3	工作任务实施与检查	30分	A. 严格按计划与规范实施计划,遇到问题能正确分析并解决,检查过程正常开展 B. 能认真实施计划,检查过程正常 C. 能实施保养与检查,工具设备有误操作 D. 未参与			
4	安全环保意识	10分	A. 能严格遵守安全规范,执行"5S"管理制度 B. 能遵守规范,有安全环保意识 C. 能遵守规范,实施过程安全正常 D. 无安全环保意识			
5	综合素质考核	20分	A. 积极参与小组工作,按时完成工作页,全勤 B. 能参与小组工作,完成工作页,出勤率90%以上 C. 能参与小组工作,出勤率80%以上 D. 未反映参与工作			
总分		100分	得分			
根据学生实际情况,由培训师设定三个项目评分的权重,如3:3:4				30%	30%	40%
加权后得分						
综合总分						

学生签字:_____　　　　培训师签字:_____
(日期)　　　　　　　　　　　　　　(日期)

四、项目学习总结

重点写出不足及今后工作的改进计划。

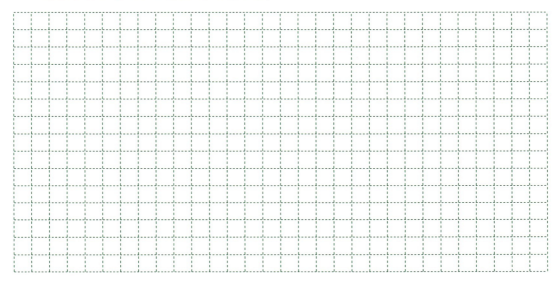

五、扩展与提高

如何进行车轮定位的调整？（参照相关维修手册）

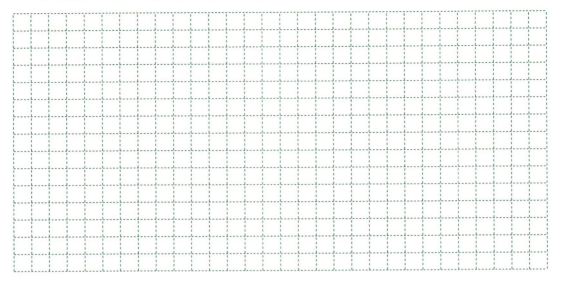

六、相关理论知识

相关理论知识参见课程教材《汽车底盘构造与维修》《汽车维护》，以及相关汽车维修手册。

项目三 传动系统的检查与维护

任务一 自动变速器的检查与维护

一、任务描述

本次任务：了解自动变速器的结构，学会正确检查自动变速器（图 4-3-1、图 4-3-2）。

图 4-3-1 自动变速器结构示意图　　　　图 4-3-2 行星排

在本次工作任务中，我们将学习检查自动变速器油液位、检查自动变速器的油有无泄漏，检查自动变速器冷却软管有无损坏的正确方法。

二、任务提示

（一）工作方法

1. 根据任务描述，通过线上学习与讨论，了解自动变速器的结构与工作原理，通过查询互联网、查阅图书馆资料等途径收集、分析有关信息。

2. 以小组讨论的形式完成工作计划。

3. 按照工作计划，完成小组成员分工。

4. 对于出现的问题，请先自行解决。如确实无法解决，再寻求帮助。

5. 与指导教师讨论，进行学习总结。

（二）工作内容

1. 工作过程按照"六步法"实施。
2. 认真回答引导问题，仔细填写相关表格。
3. 小组合作完成任务，对任务完成情况的评价应客观、全面。
4. 执行实训室"5S"管理制度。

（三）知识储备

1. 自动变速器的结构：由液力变矩器、机械变速器、换挡执行机构、液压控制系统及电子控制系统组成。
2. 自动变速器的功用：它能根据节气门开度和车速变化，通过自动变速器电控单元（ECU）控制行星齿轮机构改变传动比，自动切换挡位。
3. 自动变速器油的作用：传递压力和动力，冷却，润滑，清洁。
4. 自动变速器的工作原理：通过各种传感器将发动机的转速、节气门开度、车速、发动机水温、自动变速器ATF油温等参数信号输入电控单元，电控单元根据这些信号，按照设定的换挡规律，向换挡电磁阀、油压电磁阀等发出动作控制信号，换挡电磁阀和油压电磁阀再将电控单元的动作控制信号转变为液压控制信号，阀板中的各控制阀根据这些液压控制信号，控制换挡执行元件的动作，从而实现自动换挡。

（四）注意事项与安全环保知识

1. 熟悉实训设备的使用方法，注意举升机的安全使用。
2. 完成实训并经教师检查评估后，关闭电源和气源，拆下管线。
3. 请勿在没有确认安全之前拆卸气动执行元件。
4. 任务结束后，将元器件归位，废弃物分类处理，执行实训室"5S"管理制度。

三、工作过程

（一）信息

1. 课前准备。

课前完成如下线上学习任务：

（1）从学习平台接受任务，通过查询互联网、查阅图书馆资料等途径收集、分析有关信息，然后分组了解自动变速器的结构与工作原理（以实训用车为例）。

（2）在线讨论，在组内进行成果分享、交流。

2. 任务引导。

（1）为何要进行自动变速器的检查与维护？维护周期是多久？

（2）自动变速器行星齿轮机构的工作过程是怎样的？

(二) 计划

1. 根据小组成员情况进行分工（表 4-3-1）。

表 4-3-1　小组分工表

小组信息	班级名称			日期	
	小组名称			组长姓名	
	岗位分工	汇报员	观察员	记录员	技术员
	成员姓名				

说明：组长负责组织协调工作，汇报员负责分享信息并进行项目讲解，观察员负责计时和录像，记录员负责记录工作过程和填写表格，技术员负责项目的操作实施。

2. 讨论工作计划。

小组成员共同讨论工作计划，找出实训用车自动变速器各挡位的动力传递路线，填写表格（表 4-3-2）。

表 4-3-2　自动变速器各挡位的动力传递路线表

序号	挡位情况	动力传递路径
1		
2		
3		
4		
5		
6		
7		
8		
9		
10		

小组成员共同讨论工作计划，列出本次任务中所用到的器材名称和功能用途（表 4-3-3）。

表 4-3-3　器材选型表

序号	器材名称	功能用途	备注
1			
2			
3			
4			
5			
6			
7			
8			
9			
10			

(三) 决策

1. 制订工作计划流程表。

各小组制订工作本次任务的工作计划流程表（表 4-3-4），并通过网络传送给指导教师。

表 4-3-4　工作计划流程表

序号	工作步骤	预期目标	备注
1			
2			
3			
4			
5			
6			
7			
8			
9			
10			

2. 方案展示。

已上传工作计划流程表的小组进行方案展示，其他小组对该方案提出意见和建议，完善方案。

(四) 实施

1. 根据工作计划流程表，选用相应的设备、工具、仪器，进行行车自动变速器的检查与维护（表 4-3-5）。

要求：小组分工明确，全员参与，操作规范、安全。

表 4-3-5　任务工作单

序号	作业内容	完成情况
1	安装车轮挡块，安放尾气收集管	
2	打开发动机舱盖	
3	安装车内外防护套件	
4	拉起驻车制动，降下驾驶员侧车窗玻璃	
5	进行车辆预检	
6	启动发动机并进行预热	
7	检查自动变速器液位是否正常	
8	发动机熄火，取下尾气收集管	
9	举升车辆	

续表

序号	作业内容	完成情况
10	检查自动变速器配合表面有无渗漏	
11	检查管路和软管接头有无渗漏	
12	检查油封有无渗漏	
13	检查轴和拉索伸出区域有无渗漏	
14	车辆复位、清洁	
15	工具及场地执行"5S"管理制度	

2. 成果分享。

由其他小组对其操作过程进行分享及解答。针对问题，教师及时进行现场指导与分析。

（五）检查

对照各组计划和实施情况，请各组交换检查并填写检查表（表4-3-6）。

表4-3-6 检查表

项目名称：				检查时间：
序号	检查点	检查标准	是否完成（Y/N）	未完成原因分析及措施
1				
2				
3				
4				
5				
6				
7				
8				
9				
10				
11				
12				
13				
14				
15				

（六）评价

填写项目任务工作评价表（表4-3-7）。

表 4-3-7　项目任务工作评价表

小组名			姓名		评价日期		
项目名称					评价时间		
否决项		违反设备操作规程与安全环保规范，造成设备损坏或人身事故，该项目0分					
评价要素		配分	等级与评分细则 （等级系数：A＝1，B＝0.8，C＝0.6，D＝0.2，E＝0）		自我评价	小组评价	教师评价
1	信息收集与工具选择	20分	A. 能正确查询资料 B. 能正确选择工具设备 C. 经提示后会查阅手册，有大缺陷 D. 未完成				
2	制订计划	20分	A. 能根据信息制订合理计划 B. 计划有小缺陷 C. 制订的计划基本可行 D. 制订了计划，有重大缺陷 E. 未完成				
3	工作任务实施与检查	30分	A. 严格按计划与规范实施计划，遇到问题能正确分析并解决，检查过程正常开展 B. 能认真实施计划，检查过程正常 C. 能实施保养与检查，工具设备有误操作 D. 未参与				
4	安全环保意识	10分	A. 能严格遵守安全规范，执行"5S"管理制度 B. 能遵守规范，有安全环保意识 C. 能遵守规范，实施过程安全正常 D. 无安全环保意识				
5	综合素质考核	20分	A. 积极参与小组工作，按时完成工作页，全勤 B. 能参与小组工作，完成工作页，出勤率90%以上 C. 能参与小组工作，出勤率80%以上 D. 未反映参与工作				
总分		100分		得分			
根据学生实际情况，由培训师设定三个项目评分的权重，如3∶3∶4					30%	30%	40%
				加权后得分			
				综合总分			

学生签字：_____　　　培训师签字：_____

（日期）　　　　　　　　　　　　（日期）

四、项目学习总结

重点写出不足及今后工作的改进计划。

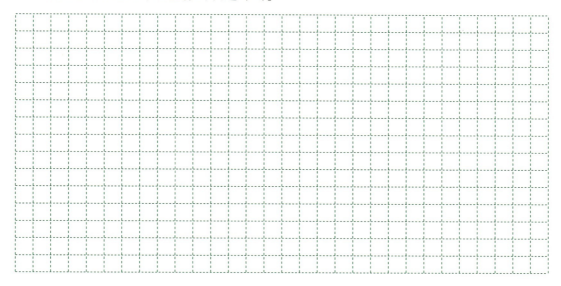

五、扩展与提高

如何更换自动变速器油？（参照相关维修手册）

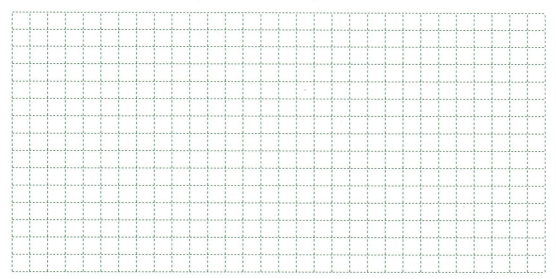

六、相关理论知识

相关理论知识参见课程教材《汽车底盘构造与维修》《汽车维护》，以及相关汽车维修手册。

任务二 驱动轴的检查与维护

一、任务描述

本次任务：了解驱动轴的重要性，学会检查驱动轴的正确方法（图4-3-3）。

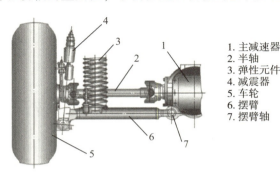

图 4-3-3　驱动轴

1. 主减速器
2. 半轴
3. 弹性元件
4. 减震器
5. 车轮
6. 摆臂
7. 摆臂轴

在本次工作任务中，我们将学习检查驱动轴（包含驱动轴护套及卡箍）的正确方法。

二、任务提示

（一）工作方法

1. 根据任务描述，通过线上学习与讨论，了解驱动轴结构与工作原理，通过查询互联网、查阅图书馆资料等途径收集、分析有关信息。
2. 以小组讨论的形式完成工作计划。
3. 按照工作计划，完成小组成员分工。
4. 对于出现的问题，请先自行解决。如确实无法解决，再寻求帮助。
5. 与指导教师讨论，进行学习总结。

（二）工作内容

1. 工作过程按照"六步法"实施。
2. 认真回答引导问题，仔细填写相关表格。
3. 小组合作完成任务，对任务完成情况的评价应客观、全面。
4. 执行实训室"5S"管理制度。

（三）知识储备

1. 驱动轴的结构与功用：驱动轴为一根实心轴，在差速器与驱动桥之间传递扭矩，其内端与差速器的半轴齿轮相连，而外端则与驱动轮的轮毂相连。
2. 驱动轴的重要性：在非独立悬架、发动机前置后驱的汽车上，半轴是一根长轴；在断开式驱动桥和发动机前置前驱的汽车上，半轴分段。

（四）注意事项与安全环保知识

1. 熟悉实训设备的使用方法，注意举升机的安全使用。
2. 完成实训并经教师检查评估后，关闭电源和气源，拆下管线。

3. 请勿在没有确认安全之前拆卸气动执行元件。

4. 任务结束后，将元器件归位，废弃物分类处理，执行实训室"5S"管理制度。

三、工作过程

（一）信息

1. 课前准备。

课前完成如下线上学习任务：

（1）从学习平台接受任务，通过查询互联网、查阅图书馆资料等途径收集、分析有关信息，然后分组了解驱动轴的结构与工作原理（以实训用车为例）。

（2）在线讨论，在组内进行成果分享、交流。

2. 任务引导。

（1）为何要进行驱动轴的检查与维护？维护周期是多久？

（2）车辆的驱动方式有哪几种？

（二）计划

1. 根据小组成员情况进行分工（表4-3-8）。

表 4-3-8　小组分工表

小组信息	班级名称			日期	
	小组名称			组长姓名	
	岗位分工	汇报员	观察员	记录员	技术员
	成员姓名				

说明：组长负责组织协调工作，汇报员负责分享信息并进行项目讲解，观察员负责计时和录像，记录员负责记录工作过程和填写表格，技术员负责项目的操作实施。

2. 讨论工作计划。

小组成员共同讨论工作计划，辨别实训用车的驱动方式及万向节的种类（表4-3-9）。

表 4-3-9　驱动方式及万向节种类记录表

序号	车型	驱动方式	万向节类型
1			
2			
3			
4			

小组成员共同讨论工作计划，列出本次任务中所用到的器材名称和功能用途（表 4-3-10）。

表 4-3-10　器材选型表

序号	器材名称	功能用途	备注
1			
2			
3			
4			
5			
6			
7			
8			
9			
10			

（三）决策

1. 制订工作计划流程表。

各小组制订本次任务的工作计划流程表（表 4-3-11），并通过网络传送给指导教师。

表 4-3-11　工作计划流程表

序号	工作步骤	预期目标	备注
1			
2			
3			
4			
5			
6			
7			
8			
9			
10			

2. 方案展示。

已上传工作计划流程表的小组进行方案展示，其他小组对该方案提出意见和建议，完善方案。

（四）实施

1. 根据工作计划流程表，选用相应的设备、工具、仪器，进行驱动轴的检查与维护（表 4-3-12）。

要求：小组分工明确，全员参与，操作规范、安全。

表 4-3-12　任务工作单

序号	作业内容	完成情况
1	安装车轮挡块	
2	打开发动机舱盖	
3	拉起驻车制动，降下驾驶员侧车窗玻璃	
4	举升车辆	
5	检查左外侧驱动轴护套有无开裂、渗漏	
6	检查左外侧护套卡箍有无锈蚀、损坏	
7	检查左外侧护套卡箍的安装有无松动	
8	检查左内侧驱动轴护套有无开裂、渗漏	
9	检查左内侧护套卡箍有无锈蚀、损坏	
10	检查左内侧护套卡箍的安装有无松动	
11	检查右外侧驱动轴护套有无开裂、渗漏	
12	检查右外侧护套卡箍有无锈蚀、损坏	
13	检查右外侧护套卡箍的安装有无松动	
14	检查右内侧驱动轴护套有无开裂、渗漏	
15	检查右内侧护套卡箍有无锈蚀、损坏	
16	检查右内侧护套卡箍的安装有无松动	
17	车辆复位、清洁	
18	工具及场地执行"5S"管理制度	

2. 成果分享。

由其他小组对其操作过程进行分享及解答。针对问题，教师及时进行现场指导与分析。

（五）检查

对照各组计划和实施情况，请各组交换检查并填写检查表（表 4-3-13）。

表 4-3-13 检查表

项目名称：				检查时间：
序号	检查点	检查标准	是否完成（Y/N）	未完成原因分析及措施
1				
2				
3				
4				
5				
6				
7				
8				
9				
10				
11				
12				
13				
14				
15				

（六）评价

填写项目任务工作评价表（表 4-3-14）。

表 4-3-14 项目任务工作评价表

小组名			姓名		评价日期	
项目名称					评价时间	
否决项		违反设备操作规程与安全环保规范，造成设备损坏或人身事故，该项目 0 分				
评价要素	配分	等级与评分细则 （等级系数：A＝1，B＝0.8，C＝0.6，D＝0.2，E＝0）			自我评价	小组评价	教师评价
1	信息收集与工具选择	20 分	A. 能正确查询资料 B. 能正确选择工具设备 C. 经提示后会查阅手册，有大缺陷 D. 未完成				
2	制订计划	20 分	A. 能根据信息制订合理计划 B. 计划有小缺陷 C. 制订的计划基本可行 D. 制订了计划，有重大缺陷 E. 未完成				

续表

评价要素	配分	等级与评分细则 （等级系数：A＝1，B＝0.8，C＝0.6，D＝0.2，E＝0）	自我评价	小组评价	教师评价
3 工作任务实施与检查	30 分	A. 严格按计划与规范实施计划，遇到问题能正确分析并解决，检查过程正常开展 B. 能认真实施计划，检查过程正常 C. 能实施保养与检查，工具设备有误操作 D. 未参与			
4 安全环保意识	10 分	A. 能严格遵守安全规范，执行"5S"管理制度 B. 能遵守规范，有安全环保意识 C. 能遵守规范，实施过程安全正常 D. 无安全环保意识			
5 综合素质考核	20 分	A. 积极参与小组工作，按时完成工作页，全勤 B. 能参与小组工作，完成工作页，出勤率 90%以上 C. 能参与小组工作，出勤率 80%以上 D. 未反映参与工作			
总分	100 分		得分		
根据学生实际情况，由培训师设定三个项目评分的权重，如 3∶3∶4			30%	30%	40%
		加权后得分			
		综合总分			

学生签字：_____　　　　　培训师签字：_____
（日期）　　　　　　　　　　　　　　　（日期）

四、项目学习总结

重点写出不足及今后工作的改进计划。

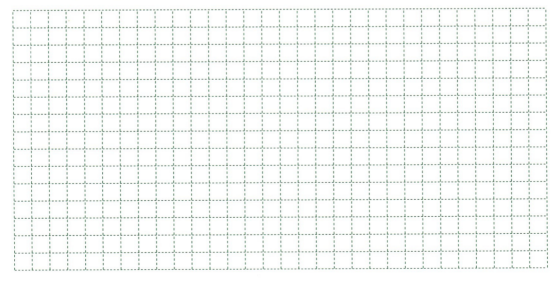

五、扩展与提高

类似于驱动轴护套的橡胶件的常见失效形式有哪些?

六、相关理论知识

相关理论知识参见课程教材《汽车底盘构造与维修》《汽车维护》,以及相关汽车维修手册。

项目四 转向系统的检查与维护

任务一 转向操纵机构的检查与维护

一、任务描述

本次任务:学会描述转向操纵机构的结构及功用,学会正确检查转向盘(图4-4-1)。

在本次工作任务中,我们将学习检查转向盘自由行程、检查转向盘安装状况、检查转向盘锁止功能的正确方法。

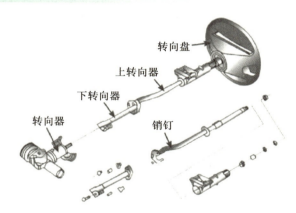

图 4-4-1 转向操纵机构

二、任务提示

(一) 工作方法

1. 根据任务描述,通过线上学习与讨论,了解转向操纵机构的结构与工作原理,通过查询互联网、查阅图书馆资料等途径收集、分析有关信息。
2. 以小组讨论的形式完成工作计划。
3. 按照工作计划,完成小组成员分工。
4. 对于出现的问题,请先自行解决。如确实无法解决,再寻求帮助。
5. 与指导教师讨论,进行学习总结。

(二) 工作内容

1. 工作过程按照"六步法"实施。
2. 认真回答引导问题,仔细填写相关表格。
3. 小组合作完成任务,对任务完成情况的评价应客观、全面。
4. 执行实训室"5S"管理制度。

(三) 知识储备

1. 转向操纵机构的结构:由转向盘、转向轴、转向管柱等组成。
2. 转向操纵机构的功用:将驾驶员转动转向盘的操纵力传给转向器。
3. 转向盘自由行程:当汽车处于直线行驶状态时,转向盘为消除间隙而克服弹性变形所转过的角度就是转向盘自由行程。转向盘从相对于汽车直线行驶的中间位置转向任何一个方向的自由行程不应超过 10°，当超过 25°时，必须进行调整。

(四) 注意事项与安全环保知识

1. 熟悉实训设备的使用方法，注意举升机的安全使用。
2. 完成实训并经教师检查评估后，关闭电源和气源，拆下管线。
3. 请勿在没有确认安全之前拆卸气动执行元件。
4. 任务结束后，将元器件归位，废弃物分类处理，执行实训室"5S"管理制度。

三、工作过程

(一) 信息

1. 课前准备。

课前完成如下线上学习任务：

(1) 从学习平台接受任务，通过查询互联网、查阅图书馆资料等途径收集、分析有关信息，然后分组了解转向操纵机构的结构与工作原理（以实训用车为例）。

(2) 在线讨论，在组内进行成果分享、交流。

2. 任务引导。

(1) 为何要进行转向操纵机构的检查与维护？维护周期是多久？

(2) 动力转向机构的种类有哪几种？

(二) 计划

1. 根据小组成员情况进行分工（表 4-4-1）。

表 4-4-1　小组分工表

小组信息	班级名称		日期	
	小组名称		组长姓名	
	岗位分工	汇报员	观察员	记录员	技术员
	成员姓名				

说明：组长负责组织协调工作，汇报员负责分享信息并进行项目讲解，观察员负责计时和录像，记录员负责记录工作过程和填写表格，技术员负责项目的操作实施。

2. 讨论工作计划。

小组成员共同讨论工作计划，列出实训用车转向操纵机构各元件的名称和功能用途（表 4-4-2）。

表 4-4-2　器材选型表

序号	元件名称	功能用途	备注
1			
2			
3			
4			
5			
6			
7			
8			
9			
10			

（三）决策

1. 制订工作计划流程表。

各小组制订本次任务的工作计划流程表（表 4-4-3），并通过网络传送给指导教师。

表 4-4-3　工作计划流程表

序号	工作步骤	预期目标	备注
1			
2			
3			
4			
5			
6			
7			
8			
9			
10			

2. 方案展示。

已上传工作计划流程表的小组进行方案展示，其他小组对该方案提出意见和建议，完善方案。

（四）实施

1. 根据工作计划流程表，选用相应的设备、工具、仪器，进行转向操纵机构的检查与维护（表 4-4-4）。

要求：小组分工明确，全员参与，操作规范、安全。

表4-4-4 任务工作单

序号	作业内容	完成情况
1	安装车轮挡块，安放尾气收集管	
2	打开发动机舱盖	
3	安装车内外防护套件	
4	拉起驻车制动，降下驾驶员侧车窗玻璃	
5	进行车辆预检	
6	检查转向盘锁止功能是否正常	
7	检查转向盘解锁功能是否正常	
8	检查转向盘安装状况是否良好	
9	测量转向盘自由行程，启动发动机	
10	车辆复位、清洁	
11	工具及场地执行"5S"管理制度	

2. 成果分享。

由其他小组对其操作过程进行分享及解答。针对问题，教师及时进行现场指导与分析。

（五）检查

对照各组计划和实施情况，请各组交换检查并填写检查表（表4-4-5）。

表4-4-5 检查表

项目名称：			检查时间：	
序号	检查点	检查标准	是否完成（Y/N）	未完成原因分析及措施
1				
2				
3				
4				
5				
6				
7				
8				
9				
10				
11				

续表

序号	检查点	检查标准	是否完成（Y/N）	未完成原因分析及措施
12				
13				
14				
15				

（六）评价

填写项目任务工作评价表（表4-4-6）。

表4-4-6 项目任务工作评价表

小组名			姓名		评价日期	
项目名称					评价时间	
否决项		违反设备操作规程与安全环保规范，造成设备损坏或人身事故，该项目0分				
评价要素		配分	等级与评分细则 （等级系数：A=1，B=0.8，C=0.6，D=0.2，E=0）	自我评价	小组评价	教师评价
1	信息收集与工具选择	20分	A. 能正确查询资料 B. 能正确选择工具设备 C. 经提示后会查阅手册，有大缺陷 D. 未完成			
2	制订计划	20分	A. 能根据信息制订合理计划 B. 计划有小缺陷 C. 制订的计划基本可行 D. 制订了计划，有重大缺陷 E. 未完成			
3	工作任务实施与检查	30分	A. 严格按计划与规范实施计划，遇到问题能正确分析并解决，检查过程正常开展 B. 能认真实施计划，检查过程正常 C. 能实施保养与检查，工具设备有误操作 D. 未参与			
4	安全环保意识	10分	A. 能严格遵守安全规范，执行"5S"管理制度 B. 能遵守规范，有安全环保意识 C. 能遵守规范，实施过程安全正常 D. 无安全环保意识			
5	综合素质考核	20分	A. 积极参与小组工作，按时完成工作页，全勤 B. 能参与小组工作，完成工作页，出勤率90%以上 C. 能参与小组工作，出勤率80%以上 D. 未反映参与工作			
总分		100分	得分			
根据学生实际情况，由培训师设定三个项目评分的权重，如3：3：4				30%	30%	40%
			加权后得分			
			综合总分			

学生签字：_____   培训师签字：_____

（日期）　　　　　　　　　　　（日期）

四、项目学习总结

重点写出不足及今后工作的改进计划。

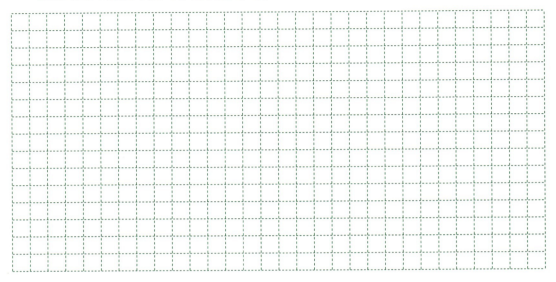

五、扩展与提高

如何检测转向盘的自由行程?

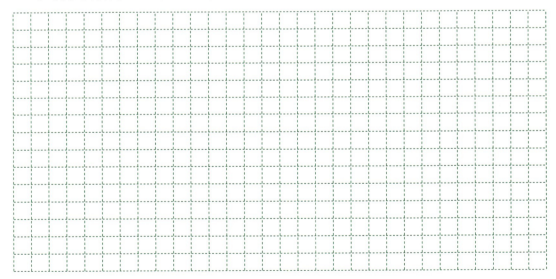

六、相关理论知识

相关理论知识参见课程教材《汽车底盘构造与维修》《汽车维护》,以及相关汽车维修手册。

任务二 转向传动机构的检查与维护

一、任务描述

本次任务：了解转向传动机构的功用，学会检查转向传动机构的正确方法（图 4-4-2）。

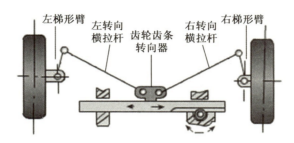

图 4-4-2 转向传动机构

在本次工作任务中，我们将学习如何检查转向横拉杆、如何检查横拉杆球头防尘罩、如何检查转向节和如何检查转向器防尘罩。

二、任务提示

（一）工作方法

1. 根据任务描述，通过线上学习与讨论，了解转向传动机构的结构与工作原理，通过查询互联网、查阅图书馆资料等途径收集、分析有关信息。
2. 以小组讨论的形式完成工作计划。
3. 按照工作计划，完成小组成员分工。
4. 对于出现的问题，请先自行解决。如确实无法解决，再寻求帮助。
5. 与指导教师讨论，进行学习总结。

（二）工作内容

1. 工作过程按照"六步法"实施。
2. 认真回答引导问题，仔细填写相关表格。
3. 小组合作完成任务，对任务完成情况的评价应客观、全面。
4. 执行实训室"5S"管理制度。

（三）知识储备

1. 转向传动机构的结构：由转向摇臂、转向直拉杆、转向横拉杆及转向减震器等组成。
2. 转向传动机构的功用：将转向器输出的力和运动传到转向桥两侧的转向节，使两侧转向轮偏转，且使两转向轮偏转角按一定关系变化，以保证汽车转向时车轮与地面的相对滑动尽可能小。
3. 转向传动机构的故障：转向沉重（汽车行驶中驾驶员向左或右转动转向盘时，感到沉重费力，无回正感；当汽车低速转弯行驶和调头时，驾驶员感到转动转向盘超乎正常的沉重，甚至打不动）；前轮摇摆（汽车在某低速范围内或某高速范围内行驶时，有时出现两前轮各自围绕主销进行角振动的现象。尤其是高速摆头时，两前轮左右摆振严重，驾驶员握转向盘的手有麻木感，甚至在驾驶室内可看到整个车头晃动）；行驶跑偏（汽车行驶时，驾驶员必须紧握转向盘才能保持直线行驶，若稍有放松，汽车便自动跑向一边）；方向盘游隙过大。

（四）注意事项与安全环保知识

1. 熟悉实训设备的使用方法，注意举升机的安全使用。
2. 完成实训并经教师检查评估后，关闭电源和气源，拆下管线。
3. 请勿在没有确认安全之前拆卸气动执行元件。
4. 任务结束后，将元器件归位，废弃物分类处理，执行实训室"5S"管理制度。

三、工作过程

（一）信息

1. 课前准备。

课前完成如下线上学习任务：

（1）从学习平台接受任务，通过查询互联网、查阅图书馆资料等途径收集、分析有关信息，然后分组了解转向传动机构的结构与工作原理（以实训用车为例）。

（2）在线讨论，在组内进行成果分享、交流。

2. 任务引导。

为何要进行转向传动机构的检查与维护？维护周期是多久？

（二）计划

1. 根据小组成员情况进行分工（表4-4-7）。

表4-4-7 小组分工表

小组信息	班级名称		日期	
	小组名称		组长姓名	
	岗位分工	汇报员	观察员	记录员	技术员
	成员姓名				

说明：组长负责组织协调工作，汇报员负责分享信息并进行项目讲解，观察员负责计时和录像，记录员负责记录工作过程和填写表格，技术员负责项目的操作实施。

2. 讨论工作计划。

小组成员共同讨论工作计划，列出实训用车转向传动机构各元件的名称和功能用途（表4-4-8）。

表 4-4-8　器材选型表

序号	元件名称	功能用途	备注
1			
2			
3			
4			
5			
6			
7			
8			
9			
10			

（三）决策

1. 制订工作计划流程表。

各小组制订本次任务的工作计划流程表（表 4-4-9），并通过网络传送给指导教师。

表 4-4-9　工作计划流程表

序号	工作步骤	预期目标	备注
1			
2			
3			
4			
5			
6			
7			
8			
9			
10			

2. 方案展示。

已上传工作计划流程表的小组进行方案展示，其他小组对该方案提出意见和建议，完善方案。

（四）实施

1. 根据工作计划流程表，选用相应的设备、工具、仪器，进行转向传动机构的检查与维护（表 4-4-10）。

要求：小组分工明确，全员参与、操作规范、安全。

表 4-4-10　任务工作单

序号	作业内容	完成情况
1	安装车轮挡块及车内防护	
2	拉起驻车制动，降下驾驶员侧车窗玻璃	
3	打开发动机舱盖	
4	安装车外防护套件	
5	举升车辆	
6	检查左转向横拉杆安装有无松动	
7	检查转向横拉杆有无弯曲、损坏	
8	检查左槽形螺母开口销是否变形、损坏	
9	检查左球头防尘罩有无老化、开裂	
10	检查左转向节有无变形、损坏	
11	检查右转向横拉杆安装有无松动	
12	检查右球头防尘罩有无老化、开裂	
13	检查右槽形螺母开口销是否变形、损坏	
14	检查右转向节有无变形、损坏	
15	检查转向器防尘罩有无开裂、渗漏	
16	检查卡箍的安装有无松动	
17	车辆复位、清洁	
18	工具及场地执行"5S"管理制度	

3. 成果分享。

由其他小组对其操作过程进行分享及解答。针对问题，教师及时进行现场指导与分析。

（五）检查

对照各组计划和实施情况，请各组交换检查并填写检查表（表 4-4-11）。

表 4-4-11　检查表

项目名称：				检查时间：
序号	检查点	检查标准	是否完成（Y/N）	未完成原因分析及措施
1				
2				
3				
4				
5				

续表

序号	检查点	检查标准	是否完成（Y/N）	未完成原因分析及措施
6				
7				
8				
9				
10				
11				
12				
13				
14				
15				

（六）评价

填写项目任务工作评价表（表4-4-12）。

表 4-4-12 项目任务工作评价表

小组名			姓名		评价日期	
项目名称					评价时间	
否决项	违反设备操作规程与安全环保规范，造成设备损坏或人身事故，该项目0分					
	评价要素	配分	等级与评分细则 （等级系数：A=1,B=0.8,C=0.6,D=0.2,E=0）	自我评价	小组评价	教师评价
1	信息收集与工具选择	20分	A. 能正确查询资料 B. 能正确选择工具设备 C. 经提示后会查阅手册，有大缺陷 D. 未完成			
2	制订计划	20分	A. 能根据信息制订合理计划 B. 计划有小缺陷 C. 制订的计划基本可行 D. 制订了计划，有重大缺陷 E. 未完成			
3	工作任务实施与检查	30分	A. 严格按计划与规范实施计划，遇到问题能正确分析并解决，检查过程正常开展 B. 能认真实施计划，检查过程正常 C. 能实施保养与检查，工具设备有误操作 D. 未参与			

续表

评价要素		配分	等级与评分细则 （等级系数：A＝1，B＝0.8，C＝0.6，D＝0.2，E＝0）	自我评价	小组评价	教师评价
4	安全环保意识	10分	A. 能严格遵守安全规范，执行"5S"管理制度 B. 能遵守规范，有安全环保意识 C. 能遵守规范，实施过程安全正常 D. 无安全环保意识			
5	综合素质考核	20分	A. 积极参与小组工作，按时完成工作页，全勤 B. 能参与小组工作，完成工作页，出勤率90%以上 C. 能参与小组工作，出勤率80%以上 D. 未反映参与工作			
总分		100分	得分			
根据学生实际情况，由培训师设定三个项目评分的权重，如3∶3∶4				30%	30%	40%
			加权后得分			
			综合总分			

学生签字：＿＿＿＿＿＿＿＿　　　　培训师签字：＿＿＿＿＿＿＿＿
（日期）　　　　　　　　　　　　　（日期）

四、项目学习总结

重点写出不足及今后工作的改进计划。

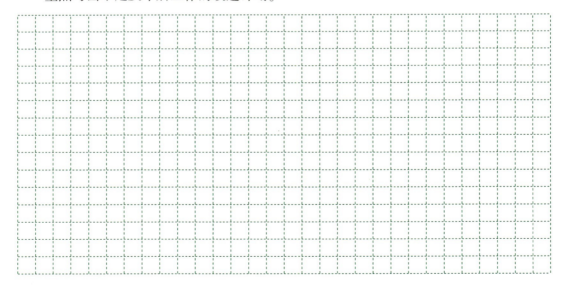

五、扩展与提高

装配时如发现螺栓孔不能与槽形螺母的槽对齐，应如何操作？

六、相关理论知识

相关理论知识参见课程教材《汽车底盘构造与维修》《汽车维护》，以及相关汽车维修手册。

思政案例

环保意识——保护环境，人人有责

20 世纪 30 年代有这样一个案例：在日本一个偏僻的农村小镇，发生了一件奇怪的事。镇上先后有 10 多人得了疯病，这些人精神错乱，行动反常，四肢变得僵硬……他们的罹病，给各自的家庭带来了灾难，还惊动了当地政府和相关医疗部门。当地的警察局和医院派出调查组，进行了大量的调查访问，检测了这些精神病患者的身体和血液成分，发现他们身体中金属锰离子的含量比一般人要高得多。那么过多的锰离子又是从何而来的呢？原来，这个小镇的人们常常把使用过的废旧干电池随手扔在水井边的垃圾坑里，久而久之，电池中的二氧化锰在二氧化碳和水的作用下，逐渐转化为可溶性的碳酸氢锰，这些可溶性的碳酸氢锰渗透到井周边，污染了井水，人们饮用了含有大量锰离子的水，便引起了锰中毒，造成了在短时间内有 10 多人发疯的怪事。

1985 年，大学毕业不久的刘崇喜进入某造纸厂工作，造纸厂由于污染严重被曝光，相关部门勒令其进行整改。在整改时刘崇喜提出"不再向黄河排一滴污水"，数千职工大惊失色：投入数千万元建设的污水处理系统，每天光是向治污池投放药物就需 18 万元，他这是要把企业整死吧？原来刘崇喜走的是一条生态治污的路子。他派出 500 台推土机，推平两万多座沙丘，采用方格麦秸秆治沙植树的方法进行生态治污。他规定职工每人每年必须种 500 棵树，并身先士卒，率领数千职工，睡在沙坡下，吃在风沙里，一棵一棵地种树。用了 7 年时间，投入 4.8 亿元，种树 50 万亩，修了 200 多千米路，铺管道筑渠 20 km，引黄河水流入林区，修了 5 个人工湖，这个年降雨量 180 mm 蒸发量却高达 1 900 多毫米的大沙漠，终于出现了绿树连绵的林区、水鸟成群的湖泊！现在当地已建成工业园，树木用于造纸，污水处理后排到湖里，竟可以直接饮用，用湖水浇灌树林，形成了良性循环体系，50 万亩林子 5 年就收回了成本。更可贵的是，这个生态治污项目把腾格里大沙漠整整"劝退"了 10 km，造福了一方百姓，可谓是经济效益和生态效益得到了双赢，刘崇喜领导的宁夏中冶美利纸业集团成了我国西部最大的企业。

以上一反一正两个案例，深刻地告诉我们：必须重视保护环境。作为汽车维修人员，在进行汽车的维护和检修时，不可避免地会产生污染物，如废弃的零配件、机油、有害气体等。如果这些污染物不加管控和处理就流入外界，势必导致环境污染，严重的甚至会危害人的健康。因此，在日常工作中，我们一定要一丝不苟地执行行业的环保要求，落实"5S"管理制度，对作业中产生的污染物、废弃物等进行分类处理，这样既保护了环境，也让客户看到我们的专业化作业，满意我们的服务，从而给企业带来更多的经济效益。

附录一 汽车定期维护作业流程——举升位置图

编号	1	2	3	4	5
举升位置	1	2	3	4	5
主要作业内容	检查发动机冷却、润滑情况，检查制动液液位	检查发动机、变速器有无漏油，排放发动机机油	加注新的发动机机油，更换空气滤清器滤芯	目视检查前轮制动衬片和制动盘表面的磨损情况	检测空调系统的性能
	检查发动机传动皮带、冷却系统软管	检查散热器、冷凝器有无泄漏等	测量制动踏板自由行程	检查发动机放油螺塞有无泄漏	检测发动机尾气排放值
	检查蓄电池静态电压、仪表板相关指示灯和警告灯	检查发动机排气系统、燃油系统	检查制动助力器的助力能力	检查机油滤清器有无泄漏	检测制冷剂有无泄漏
	检查安全带，检查换挡杆及挡位指示灯	检查制动系统	检查前挡风玻璃洗涤器与刮水器	检查冷却液有无泄漏	检查机油液位
	检查空调制冷剂纯度，检查空调通风、冷却风扇	更换机油滤清器	检查转向轴和转向柱		"5S"管理

附录二 汽车定期维护作业工作单

序号	作业类型+作业对象+作业内容	说明
	举升位置1（举升机在最低位置）	
01	作业准备—安全防护—安装车轮挡块	
02	作业准备—空调系统—预热制冷剂纯度鉴别仪	
03	检查作业—车身—记录车辆识别码	
04	作业准备—安全防护—安装座椅套、方向盘套和地板垫	
05	作业准备—安全防护—安装翼子板布和前格栅布	
06	检查作业—润滑系统—检查发动机机油液位	
07	检查作业—制动系统—检查制动液液位	
08	检查作业—冷却系统—检查发动机冷却液液位	
09	检查作业—发动机—检查发动机传动皮带的安装、损伤等	
10	检查作业—冷却系统—检查发动机冷却系统软管的安装、连接情况，以及有无裂纹、损伤和泄漏	
11	检测作业—电源系统—测量并记录电源系统电压（静态）	
12	检测作业—空调系统—鉴别并记录空调制冷剂纯度	
13	检查作业—车身—检查驾驶员座椅安全带	
14	检查作业—车身—检查驾驶员座椅安全带开关	
15	检查作业—仪表板—先打开点火开关，再起动发动机，分别检查故障指示灯、安全气囊、防抱死刹车系统故障指示灯和充电、机油压力报警灯的工作情况	
16	检查作业—空调系统—在发动机运转条件下，打开鼓风机，按下空调开关，检查指示灯的工作情况	
17	检查作业—空调系统—检查鼓风机的风速调节和通风装置的风向切换功能	
18	检查作业—冷却系统—在空调制冷条件下，检查冷却风扇是否运转，检查完毕后熄火	
19	检查作业—自动变速器—检查自动变速器换挡锁止控制功能和P挡解锁及锁止功能是否正常	
20	检查作业—自动变速器—检查自动变速器挡位指示灯的工作情况，检查完毕后将换挡杆置于"N"位置	

续表

序号	作业类型+作业对象+作业内容	说明
21	检查作业—制动系统—检查驻车制动指示灯的工作情况,检查完毕后释放驻车制动,拆卸车轮	
22	拆装作业—润滑系统—拆下机油加注口盖	
举升位置2(升起举升机至合适高度)		
23	检查作业—润滑系统—检查发动机各部位有无漏油	
24	检查作业—自动变速器—检查自动变速器及其冷却系统的安装情况及有无泄漏	
25	拆装作业—润滑系统—拆下发动机放油螺塞,排放发动机机油	
26	检查作业—冷却系统—目视检查散热器有无泄漏、变形等	
27	检查作业—空调系统—目视检查冷凝器有无脏污、变形及泄漏等	
28	检查作业—排气系统—检查三元催化器、排气管、消声器的安装、损伤情况及有无漏气	
29	检查作业—燃油系统—检查燃油管路和燃油蒸发管路的安装、连接、损伤情况及有无漏油	
30	检查作业—制动系统—检查制动管路的安装、连接、损伤情况及有无漏油,制动软管有无老化	
31	拆装作业—润滑系统—记录发动机机油型号和级别,安装发动机放油螺塞	
32	拆装作业—润滑系统—更换新的机油滤清器	
举升位置3(落下举升机至车轮及地)		
33	作业准备—安全防护—重新安装车轮挡块	
34	拆装作业—润滑系统—加注新的发动机机油,并记录换油信息	
35	拆装作业—进气系统—拆下空气滤清器盖,更换空气滤清器滤芯	
36	检测作业—制动系统—检测并记录制动踏板的行程	
37	检查作业—润滑系统—起动发动机后及时观察机油滤清器有无泄漏	
38	检查作业—制动系统—在起动发动机的同时检查制动助力器的助力功能	
39	检查作业—电器—检查前挡风玻璃洗涤器的喷射力和喷射位置	
40	检查作业—电器—检查前挡风玻璃刮水器的刮拭情况,检查完毕后熄火	
41	检查作业—转向系统—检查转向轴的伸缩、转向柱的倾斜及其锁止情况	
举升位置4(升起举升机至合适高度)		
42	检查作业—制动系统—目视检查前两轮制动衬片(内外)和制动盘表面(仅外侧)的磨损情况,安装车轮	
43	检查作业—润滑系统—检查发动机放油螺塞和机油滤清器有无泄漏	
44	检查作业—冷却系统—目视检查冷却液有无泄漏	

续表

序号	作业类型+作业对象+作业内容	说明
举升位置5（落下举升机至最低位置）		
45	作业准备—安全防护—重新安装车轮挡块	
46	检查作业—制动系统—施加驻车制动	
47	作业准备—发动机—启动尾气分析仪（预热）	
48	作业准备—空调系统—连接空调诊断仪	
49	检测作业—空调系统—检测并记录空调系统的压力和温度，判断空调的制冷性能，检测完毕后关闭空调	
50	检测作业—发动机—检测并记录发动机怠速时的尾气排放值，判断排放性能	
51	整理作业—空调系统—拆下空调诊断仪并归位	
52	检测作业—空调系统—检查高低压接口是否存在制冷剂泄漏	
53	检查作业—润滑系统—重新检查发动机机油液位（必要时调整），记录机油加注量	
54	整理作业—安全防护—拆卸翼子板布和前格栅布	
55	整理作业—安全防护—拆卸座椅套、地板垫、方向盘套	
56	整理作业—工量具、设备、场地—关闭尾气分析仪	
57	整理作业—工量具、设备、场地—清洁整理工量具、设备、场地	

参考文献

杨建良. 整车维护 [M]. 南京：江苏凤凰教育出版社，2011.

朱艮生，徐兴振. 整车维护 [M]. 南京：江苏凤凰教育出版社，2020.

常鹤晖. 汽车文化 [M]. 南京：江苏凤凰教育出版社，2014.

刁慧平. 汽车空调 [M]. 南京：江苏凤凰教育出版社，2015.

陈家瑞. 汽车构造：下册 [M]. 北京：机械工业出版社，2009.

于占明. 汽车结构认识 [M]. 南京：江苏凤凰教育出版社，2018.

朱方新. 汽车发动机构造与维修 [M]. 南京：江苏凤凰教育出版社，2020.

张嫣，苏畅. 汽车发动机构造与维修：新编版 [M]. 北京：人民交通出版社，2011.

于占明. 汽车使用常识 [M]. 南京：江苏凤凰教育出版社，2015.

丰田汽车公司编. 卡罗拉维修手册，2003.